Stefan Ulrich

Selbst
Wintergärten und
Glashäuser bauen

Compact Verlag

© 1995 Compact Verlag München
Nachdruck, auch auszugsweise,
nur mit ausdrücklicher Genehmigung
des Verlages gestattet.
Alle Anleitungen wurden
sorgfältig erprobt – eine
Haftung kann dennoch
nicht übernommen werden.
Redaktion: Klaus Fisch
Umschlaggestaltung: Inga Koch
Umschlagfoto: VEGLA, Aachen
ISBN 3-8174-2214-8
2222142

Ein Wort zuvor

Selbermachen – ein Hobby, das heute für Millionen zur sinnvollen Freizeitbeschäftigung geworden ist. Ob es sich nun um die gemietete Altbauwohnung oder um die eigenen vier Wände handelt, mit etwas Geschick und einer fachmännischen Anleitung lassen sich oft verblüffende und ansprechende Ergebnisse erzielen: Bei kleineren Reparaturen, beim Renovieren und Verschönern und beim Um- und Ausbauen.

Und Selbermachen bringt Spaß. Freude an der eigenen Arbeit, deren Ergebnis man Tag für Tag sehen und »bewundern« kann – es spart Geld, mit dem sich langgehegte Wünsche erfüllen lassen, und es macht unabhängig von Handwerkern, auf die man womöglich wochenlang und schießlich vergeblich gewartet hat.

Fachgeschäfte, Heimwerker- und Baumärkte versorgen den Hobbyhandwerker mit allen Werkzeugen und Materialien, die er braucht. Doch richtiges Werkzeug und Begeisterung allein reichen nicht aus. Unerläßlich sind eine gründliche Vorbereitung und Fachkenntnisse, wie eine Arbeit durchzuführen und was dabei zu beachten ist.

COMPACT PRAXIS **Selbst Wintergärten und Glashäuser bauen** zeigt, wie man's macht. Mit wertvollen Tips und Tricks, die sich in der Praxis tausendfach bewährt haben. Jeder Arbeitsgang wird ausführlich Schritt für Schritt gezeigt und in Bild und Text erläutert. Übersichtliche Symbole zeigen auf einen Blick, mit welchem Schwierigkeitsgrad, welchem Kraft- und Zeitaufwand Sie bei jedem Arbeitsgang rechnen müssen, welche Werkzeuge Sie brauchen und wieviel Geld Sie durch Ihre eigene Arbeit einsparen können.

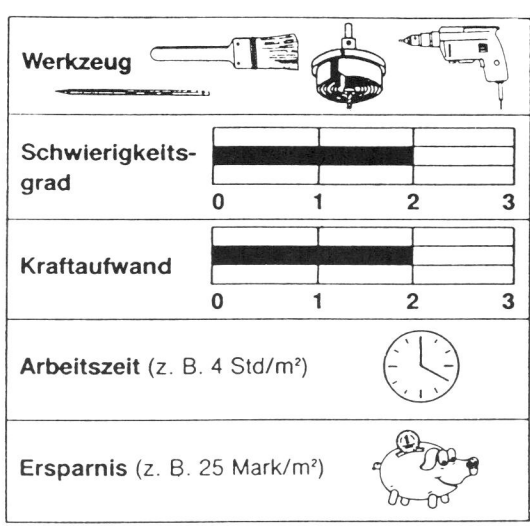

Und so stufen Sie sich richtig ein:

Schwierigkeitsgrad 1 – Arbeiten, die auch der Ungeübte ausführen kann. Es ist nur geringes handwerkliches Geschick erforderlich.

Schwierigkeitsgrad 2 – Arbeiten, die einige Übung im Umgang mit Werkzeug und Material erfordern. Es ist handwerklich durchschnittliches Geschick notwendig.

Schwierigkeitsgrad 3 – Arbeiten, die fachmännische Übung erfordern. Überdurchschnittliches Geschick ist erforderlich.

Kraftaufwand 1 – leichte Arbeit, die jeder bequem erledigen kann.

Kraftaufwand 2 – Arbeiten, die eine gewisse körperliche Kraft voraussetzen.

Kraftaufwand 3 – Arbeiten für kräftige Heimwerker, die keine »Knochenarbeit« scheuen.

Inhaltsverzeichnis

Wintergarten auf dem Kelleranbau

Gewächshaus im Garten

Die Baugenehmigung für Wintergärten und Glashäuser

Wenn Sie einen Wintergarten planen, so ist zuerst erforderlich, daß Sie bei der Gemeinde- oder Stadtverwaltung Erkundigungen über den geltenden Bebauungsplan einholen: Wie ist die Bebauung und Nutzung Ihres Grundstücks geregelt und welche Abstände müssen Sie zur Straße und zu den Nachbargrundstükken einhalten? Im allgemeinen ist im Bebauungsplan bereits festgelegt, ob zur Außengestaltung Glasanbauten zulässig sind.

Besprechen Sie dann Ihre Pläne mit einem Architekten und lassen Sie sich die Zustimmung der Nachbarn schriftlich bestätigen. Bei Eigentumswohnungen holen Sie die Genehmigung der Hausverwaltung ein, in der alle Eigentümer organisiert sind.

Für die Baugenehmigungsbehörde benötigen Sie Pläne des Gebäudes, einen für den geplanten Anbau sowie einen Lageplan im Maßstab 1:1000. Der zuständige Sachbearbeiter wird Ihnen unter Vorbehalt mitteilen, ob Ihr Wintergarten voraussichtlich genehmigt werden kann. Bei einer Ablehnung können Sie auf einen Kompromiß abzielen oder sich rechtliche Schritte vorbehalten. Wenn der Wintergarten nicht als Wohnraum genutzt werden soll, erleichtern Sie sich die Genehmigung, wenn Sie ein »Anlehngewächshaus« beantragen. Für den endgültigen Bauantrag benötigen Sie den Lageplan im Maßstab 1:1000, eine Zeichnung des Baus im Maßstab 1:100, eine Baubeschreibung, eine Berechnung der Wohn- und Nutzungsfläche, die eventuell notwendigen statischen Berechnungen, einen Plan für die Entwässerung und ein Antragsformular zur Baugenehmigung. Glas- und Gewächshäuser mit weniger als 50 m³ umbautem Raum sind in der Regel genehmigungsfrei.

Sinnvoll – der Abschluß einer Glasversicherung

Für das Gewächshaus in Ihrem Garten gibt es in aller Regel keinen Versicherungsschutz gegen Glasschäden. Es wäre ein absoluter Glücksfall, sollten Sie eine Versicherungsgesellschaft finden, die noch Gewächs- oder Glashäuser versichert. Aufgrund der zahlreichen und teuren Schäden finden sich Versicherungen, im Gegensatz zu früher, nicht mehr bereit, das Risiko zu tragen.

Anders verhält es sich mit der Glasversicherung für den Anbau eines Wintergartens. Sie können als Zusatz zu Ihrer Hausratversicherung noch eine Glasversicherung abschließen, die den Gegebenheiten Ihres Hauses mit dem neuen Wintergarten entspricht. Haben Sie bereits eine solche zusätzliche Versicherung für die Verglasungen der Wohnung oder des Hauses abgeschlossen, so sind alle Glasflächen bis zu 10 m^2 versichert. In der Regel sind Wintergärten ausdrücklich in der Versicherungspolice erwähnt. .

Ansonsten gilt eine Glasversicherung unter anderem für alle Gebäudeverglasungen, wozu auch die möglichen Bauteile eines Wintergartens zählen: Türen, Fenster, Balkone, Terrassen, Veranden, Loggien, Wetterschutzvorbauten und Dächer.

Bei den in der Versicherungspolice erwähnten Gebäudeverglasungen sind alle Glasarten, also neben den Einfachgläsern auch Plexiglas und Isolierglasscheiben, eingeschlossen.

Wenn Sie Ihren Wintergarten erstellt haben, sollten Sie alle Glasflächen Ihrer Gebäudeverglasung neu zusammenrechnen. Wenn sich die Fläche einschließlich des Wintergartens auf über 10 m^2 beläuft, müssen Sie Ihren Versicherungsschutz erweitern lassen, wobei sich die Prämie leicht erhöhen wird. Führen Sie in jedem Fall ein klärendes Gespräch mit Ihrer Versicherung.

Die Glasfläche wird vergrößert

Sonnenlicht bringt Lebensqualität

Fachkunde

Die Ausstattung des Wintergartens

Ein beheizbarer Wintergarten

Vor der Planung eines Wintergartens gilt es, die Entscheidung zu treffen, ob er winterfest sein soll oder nicht.

Winterfeste Glasanbauten sind praktisch als Erweiterung des bestehenden Wohnraums anzusehen. Deshalb stellen die notwendigen Isoliermaßnahmen zum Schutz vor winterlichen Temperaturen und die zusätzliche Einrichtung von Wärmequellen zur Beheizung an die Planungs- und Ausführungsarbeiten andere Anforderungen als beispielsweise die einfache Verglasung einer Terrasse.

Winterfest sollte der Anbau dann sein, wenn Wert darauf gelegt wird, diesen neugewonnenen Raum ganzjährig uneingeschränkt nutzen zu können, beispielsweise als zusätzliche, im Winter auch beheizte Freizeit- und Entspannungsoase mit entsprechendem, nicht winterfestem Pflanzenbestand. Ein einfacher, nicht winterfester Ausbau reicht dann aus, wenn der Glasanbau »nur« als Terrassenzimmer dienen soll. In den Wintermonaten dient das Terrassenzimmer dann immer noch als heizkostensparender Wärmepuffer.

Da sich die Ausführungen der beiden Verwendungsarten – auch unter Berücksichtigung des Eigenleistungsanteils – finanziell deutlich voneinander unterscheiden, sollte auch die Kostenfrage in die Überlegungen mit einbezogen werden.

Am deutlichsten wird der Kostenunterschied bei der Auswahl der Materialien für die Verglasung sichtbar. Während für das Terrassenzimmer und auch für das einfache Gewächshaus auf preiswerte Einfachverglasung zurückgegriffen werden kann, benötigt man für winterfeste Glasanbauten entsprechend teure Isolierverglasungen mit geringem k-Wert.

Die Lösung für Übergangszeiten

Entlüftung und Beschattung

Für die Funktionsweise eines Wintergartens ist der Treibhauseffekt von Bedeutung. Von 100% der auftreffenden Sonnenenergie gelangen bei normalem Fensterglas etwa 85% als kurzwellige Energiestrahlung durch die Scheibe in das Innere des Wintergartenraums. Dort wird diese kurzwellige Sonnenstrahlung beim Auftreffen auf feste Materie in Wärmeenergie umgewandelt. Diese wird als langwellige Wärmestrahlung innerhalb des Wintergartens abgegeben. Von den verbliebenen 15% werden etwa 7% der auftreffenden Sonnenenergie reflektiert und gelten für unsere Belange als verloren. Die restlichen 8% werden von der Scheibe absorbiert und erhöhen dadurch ihre Temperatur, wodurch etwa ein Drittel dieser Energie ebenfalls in Form von langwelliger Wärmestrahlung dem Innenraum zugeführt wird.

Im Gegensatz zum kurzwelligen Sonnenlicht ist Glas für die nun vorhandene langwellige Wärmestrahlung praktisch undurchlässig, so daß die Wärme im umgrenzten Raum verbleibt und sich durch weitere Zufuhr von Sonnenenergie der Treibhauseffekt einstellt.

An heißen Tagen wird der Treibhauseffekt zum Problem. Um eine ausreichende Belüftung zu gewährleisten, sollte bereits bei der Planung eines Wintergartens auf genügend Öffnungsmöglichkeiten in der Glasfront geachtet werden. Die Art und Anordnung der Lüftungsklappen, -fenster und -türen wird sich nach den örtlichen Gegebenheiten richten müssen. Nicht immer ist an der höchsten Stelle des Daches die Möglichkeit gegeben, eine über die ganze Breite reichende oder aus Einzelelementen aufgebaute Lüftungsklappe anzubringen (Abb. 1). Um eine ausreichende Belüftung zu gewährleisten, sollte eine Klappe möglichst 50 cm hoch zu öffnen sein. Entsprechende Hebevorrichtungen –

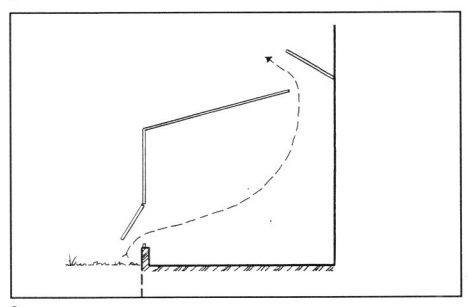

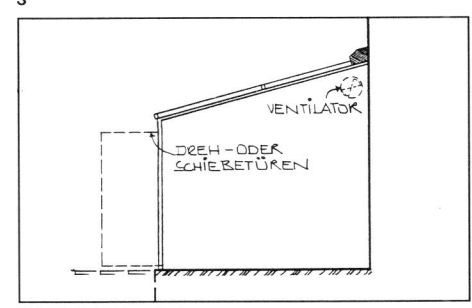

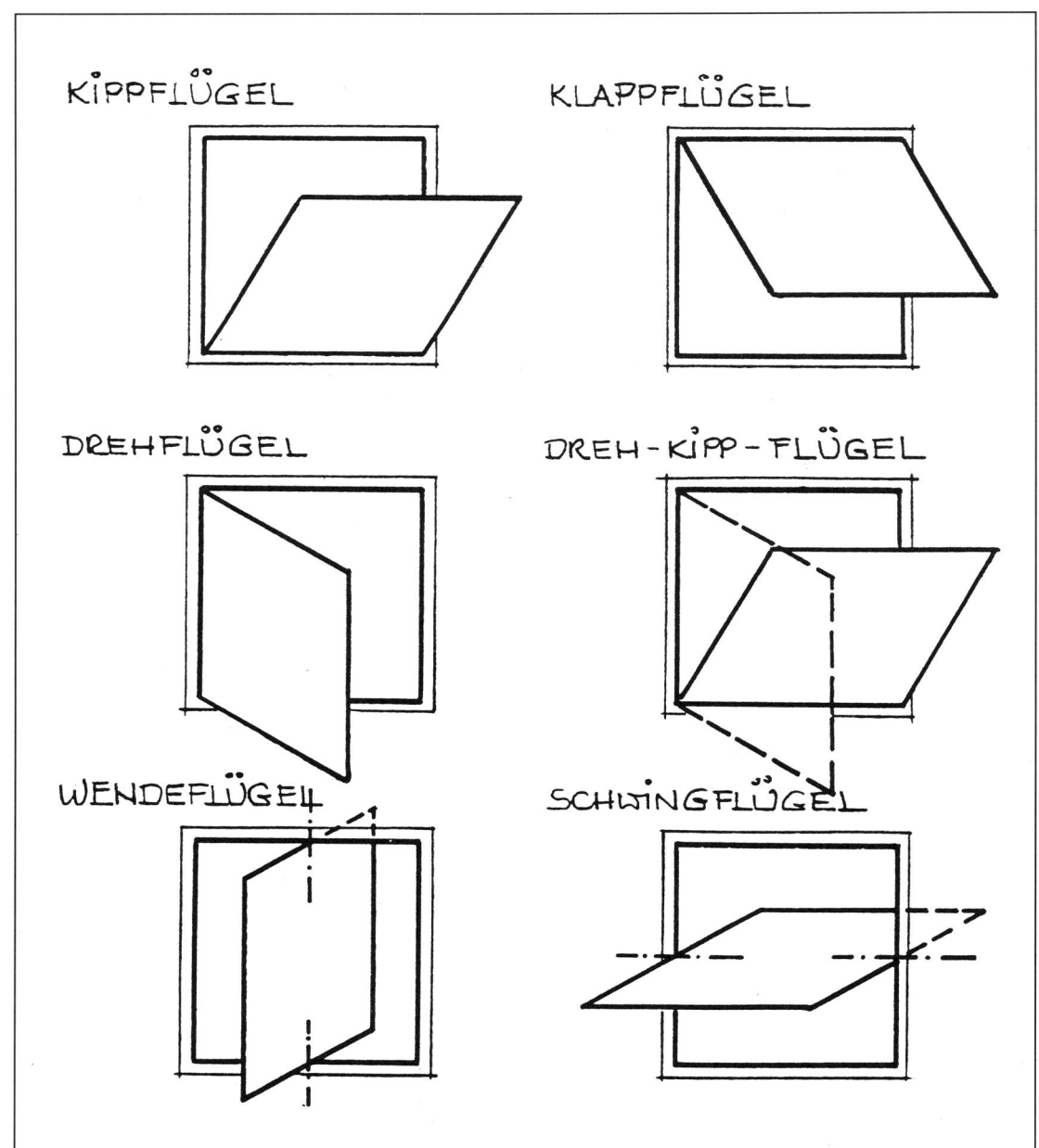

manuell oder elektrisch betätigt – sind im Fachhandel erhältlich (Abb. 2). Die beste Wirkung wird erzielt, wenn zudem in den senkrechten Außenwänden für Zuluftöffnungen gesorgt wird (Abb. 3).

Aber auch durch Türen und Fenster in den Glasfronten kann der Luftaustausch erfolgen. Ein elektrischer Ventilator an der Raumoberseite kann zusätzliche Unterstützung bringen (Abb. 4). Damit alle Bereiche des Wintergartens davon profitieren, sollten aber die Lüftungsbereiche ausreichend dimensioniert sein. Im Normalfall wird man ausreichend große und genügend Fenster einbauen, die es in den unterschiedlichsten Öffnungsvarianten gibt (Abb. 5).

Daneben finden aber auch Schiebe- und Falttürverbände Verwendung, die im Gegensatz zu Fenstern meist den Vorteil haben, daß sie großflächiger sind und eine intensivere Belüftung zulassen. Im günstigsten Fall läßt sich mit Hilfe von Falttürverbänden die Glasfront so weit zusammenklappen, daß der Wintergarten zur überdachten Terrasse wird.

Mit der Lüftung allein ist es jedoch nicht getan. Es sollten auch Beschattungsvorrichtungen angebracht werden. Als natürliche Beschattung eignen sich Bäume oder hohe Sträucher, die nahe an den Glasbau heranreichen, aber auch Kletterpflanzen, die man auf der Dachfläche ranken läßt (Abb. 6). Der Nachteil dieser natürlichen Schattenspender besteht darin, daß man nicht kurzfristig zwischen Sonneneinstrahlung und Beschattung wählen kann. Sollte die Entscheidung dennoch zugunsten einer natürlichen Beschattung fallen, so sollte zumindest darauf geachtet werden, daß es Pflanzen sind, die im Herbst ihre Blätter verlieren. So kann während der kälteren Jahreszeit die einfallende Sonnenenergie den Raum erwärmen.

Für die künstliche Beschattung gibt es verschiedene Lösungen. Für alle gilt jedoch, daß sie die Wärme am besten abhalten, wenn sie außen angebracht sind (Abb. 7). Innerer Sonnenschutz ist nur eine Notlösung. Innen angebrachte Beschattung hat allerdings den großen Vorteil, nicht der Witterung ausgesetzt zu sein (Abb. 8).

6

7

8

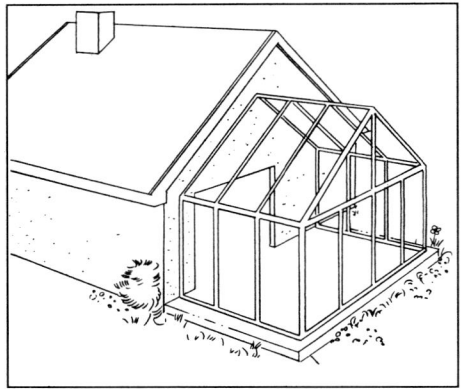

1

2

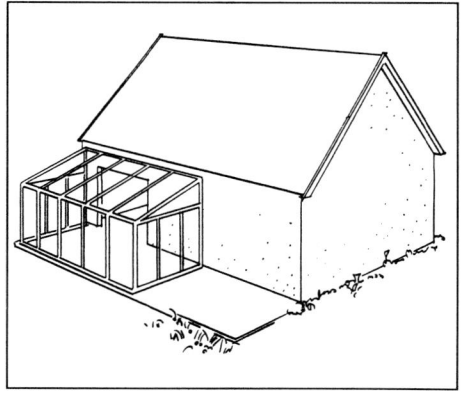

3

Geeignete Lagen und mögliche Bauformen

Da für viele Hausbesitzer normalerweise der einzige verfügbare Grundstücksteil für einen Wintergartenanbau die Terrasse oder der Balkon ist, ergibt sich für sie das Problem der Suche nach der richtigen Lage nicht. Können Sie jedoch den Standort Ihres Anbaus frei wählen (Neubau, großes Grundstück), so sollten Sie in Ihre Überlegungen die Himmelsrichtung und die geplante Nutzung mit einbeziehen.

Als favorisierte Himmelsrichtung für den Glasanbau gilt allgemein die Südseite. Hier ist das ganze Jahr über die Sonneneinstrahlung am intensivsten, so daß eine Beheizung des Wintergartens mittels Sonnenenergie gesichert ist.

Aber auch die übrigen Himmelsrichtungen besitzen – je nach gewünschter Nutzung des Raums – durchaus ihre Vorzüge. Wenn Sie Frühaufsteher sind, die Morgensonne genießen wollen und auch gerne im Wintergarten frühstücken, so ist es sinnvoll, sich für die Ostseite zu entscheiden.

Suchen Sie einen naturnahen Heimarbeitsplatz, so ist die Südseite vielleicht weniger zu empfehlen. Dort ist es, besonders in der wärmeren Jahreszeit, für einen Ort, an dem gearbeitet werden muß, doch etwas zu warm. Hier bietet sich eher eine Ost- oder Westseite an, wo die Sonneneinstrahlung zeitlich begrenzt und nicht so intensiv ist.

Doch auch die Nordlage hat durchaus ihre Vorteile. Als kühler Arbeitsplatz im Hochsommer ist sie geradezu ideal. Auch energietechnisch gesehen ist ein Wintergarten an der Nordseite durchaus sinnvoll, weil er als Wärmepuffer gerade an der Hausseite mit dem größten Wärmeverlust gute Dienste leisten kann, da er hilft, die Heizkosten zu senken.

Was die Bauweise anbelangt, so können Wintergärten in jeder Form an ein Gebäude angesetzt werden. Sinnvoll ist es allerdings, auf eine harmonische Anpassung an den vorhandenen Baukörper zu achten. So bietet es sich beispielsweise an, die Dachform des Hauses auch für das Dach des Wintergartenanbaus zu übernehmen. Dabei ist es belanglos, ob dieser an der Stirnseite des Hauses gleichsam eine optische Fortsetzung bildet (Abb. 1) oder als eigene Einheit an der Längsseite angeordnet ist (Abb. 2).

Satteldachwintergärten haben den Vorteil der großen Firsthöhe mit der Möglichkeit, auch größere Gewächse aufzunehmen.

Üblicherweise werden jedoch Glasanbauten nicht in Satteldach-, sondern in Pultdachform erstellt. Dabei können sie sich über die ganze Hauslänge erstrecken oder nur einen Teil davon beanspruchen (Abb. 3).

Optisch ideal ist es, wenn Wintergartendach und Hausdach die gleiche Neigung besitzen und beide Bauwerke praktisch ineinander übergehen.

An der Stirnwand wirkt ein Pultdachanbau meist weniger harmonisch (Abb. 4). Er ordnet sich der vorgegebenen Architektur des Hauses nicht unter. Oft aber ist bei preiswerten Bauausführungen der Anbau eines Wintergartens kaum anders zu lösen.

Wintergärten müssen aber keineswegs immer nur an das Gebäude angesetzt werden. Neue Möglichkeiten der Gestaltung ergeben sich, wenn das Glashaus in vorhandene Bauten integriert werden kann. So zum Beispiel in die Innenecke eines Winkelhauses, wodurch vielleicht sogar mehrere Zimmer durch diesen neuen Baukörper miteinander verbunden werden (Abb. 5). Glasanbauten können aber auch zur wettergeschützten Verbindung zweier getrennter Baukörper eingefügt werden. Mit entsprechenden Grünpflanzen ausgestattet, wird so der Verbindungsbereich zur grünen Lunge der angrenzenden Häuser (Abb. 6).

Auf den nachfolgenden Seiten können Sie einige bereits realisierte Glasanbauten sehen, um sich so ein Bild machen zu können, wie Ihr geplanter Wintergarten einmal aussehen könnte.

Fachkunde

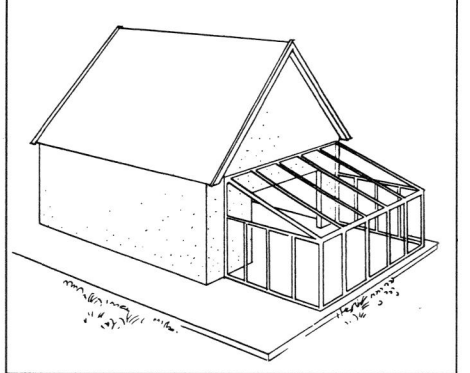

4

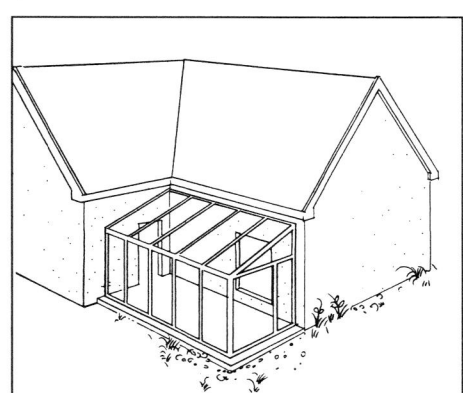

5

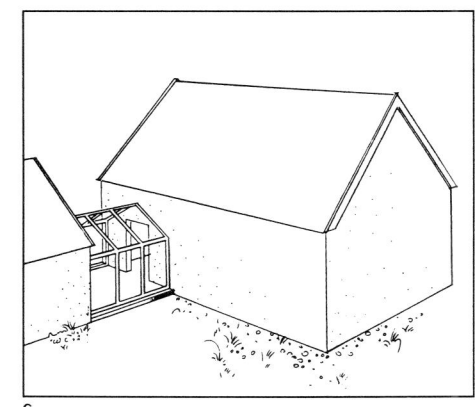

6

Beleuchtet sehen Wintergärten romantisch aus

Auch große Wintergärten sind realisierbar

Ein Wintergarten um die Hausecke herumgebaut

1

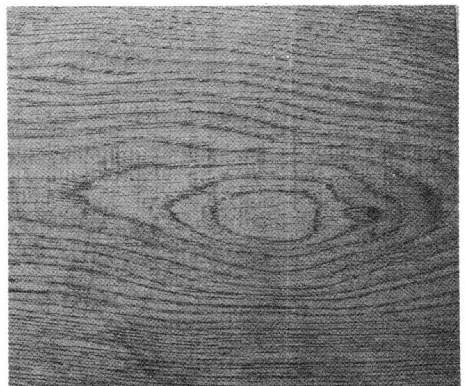

2

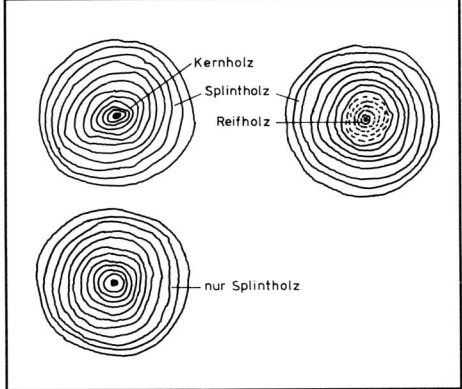

3

Kleine Holzkunde

Die im Handel gängigen einheimischen Bauholzarten wie Fichte, Tanne, Kiefer, Lärche und Eiche eignen sich, was Tragfähigkeit und Haltbarkeit anbelangt, für unsere Zwecke im allgemeinen gleichermaßen gut. Bei der Auswahl spielt neben dem Preis der eigene Geschmack eine große Rolle. Die Fichte (Rottanne), das wohl preisgünstigste Bauholz, hat ebenso wie die Tanne (Weißtanne) ein gelblich-weißes Holz, bei dem Splint und Kern gleichfarbig sind. Die Kiefer, auch Föhre genannt, besitzt einen rotbraunen Kern und einen hellgelben Splint. Das Holz der Lärche ist im Kernbereich rot (Abb. 1), das der Eiche braun (Abb. 2).

Für alle Holzarten gilt, daß astloses Holz teurer ist als astreiches. Für die Stabilität des Wintergartens ist ausschlaggebend, daß Sie astarmes Holz kaufen. Ebenso wichtig ist, daß für tragende Holzbauteile grundsätzlich Kernholz verwendet werden muß.

Als Kernholz bezeichnet man den härteren und dauerhafteren Teil des Baumes, der mit zunehmendem Alter durch die Einlagerung von Ölen, Harzen, Gerb- und Farbstoffen entsteht und kaum mehr wasserführend ist. Splintholz nennt man den jüngeren, äußeren, hell gefärbten Teil, der sehr saftreich ist und sich deshalb als Bauholz kaum eignet. Nicht alle Baumarten haben Splint- und Kernholzbereiche. Reine Splintholzbäume wie Weißbuche, Ahorn und Birke bestehen nur aus saftreichem Splintholz. Kernholzbäume wie Eiche, Kiefer und Lärche besitzen Splint- und Kernholzbereiche, die sich farblich deutlich unterscheiden. Reifholzbäume wie Fichte, Tanne und Rotbuche haben einen farblich kaum vom Splint zu unterscheidenden Kern (Abb. 3).

Aus welchem Bereich des Baumes ein Stück Holz stammt, erkennt man an seiner Stirnseite (Abb. 4). Die

Anordnung der Jahresringe spielt dabei eine wichtige Rolle. Jahresringe entstehen durch den Wechsel der Jahreszeiten. Im Frühjahr, wenn der stärkste Stammzuwachs erfolgt, bilden sich weite Zellen mit dünnen Wänden, es entsteht das Frühholz mit heller Farbe. Im Sommer und Herbst werden die Zellen durch die Verlangsamung des Wachstums kleiner, dickwandiger, härter und sind dunkler gefärbt. Dieser unterschiedliche Aufbau der Holzzellen und ihre ringförmige Schichtung bewirken die Verformung des Holzes, die man als »arbeiten« bezeichnet. Ausgelöst wird dieser Vorgang durch den Unterschied von Luft- und Holzfeuchtigkeit. Bei der Trocknung gibt das Holz so lange Feuchtigkeit ab, bis ein Ausgleich zum Gehalt der Luftfeuchtigkeit erreicht wurde. Dabei schrumpfen die Zellwände, das Holz schwindet. Im umgekehrten Fall, wenn also die Luft feuchter ist als das Holz, nimmt dieses Feuchtigkeit auf und quillt. Die unterschiedlichen Zellstrukturen des Holzes bewirken das »Werfen« der Bretter, das im Kernbereich geringer ist als im Splintbereich. Beim »Werfen« bewegt sich das Holz in seiner Richtung immer entgegengesetzt zur Krümmung der Jahresringe (Abb. 5). Die geringste Verformung zeigen feinjährige Holzteile mit gleichmäßig aneinanderliegenden, schmalen Jahresringen, wenn die Jahresringe stehende Linien senkrecht zur Brettbreite bilden. Bei Brettern mit liegenden Jahresringen parallel zur Brettbreite sollten Sie zumindest darauf achten, daß sie in der Mitte geteilt werden – man nimmt ihnen dadurch die Kraft. Erfahrene Schreiner achten zusätzlich darauf, daß die verwendeten Kernhölzer kerngetrennt sind, also keinen Markkanal mehr enthalten, da sonst ein Verdrehen oder Reißen nicht ausgeschlossen werden kann (Abb. 6). Ebenso wichtig ist es, sich kein nagelfestes Holz verkaufen zu lassen, da hier ebenfalls Risse und Verwindungen unvermeidlich sind. Deutliches Kennzeichen dieser minderwertigen Holzqualität sind dicke Jahresringe, die beispielsweise bei der Fichte eine rötliche Färbung aufweisen. Weitere Holzfehler, die durch ein gestörtes Wachstum entstanden sind und die eine Nutzung des betroffenen Materials ausschließen, sind Drehwuchs

4

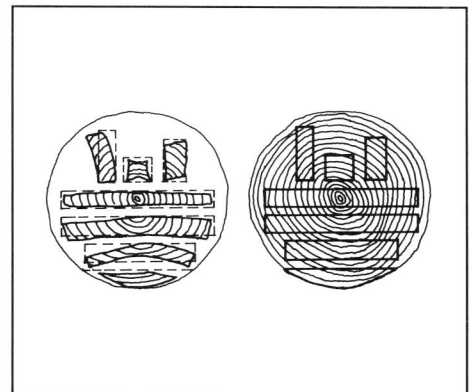

5

6

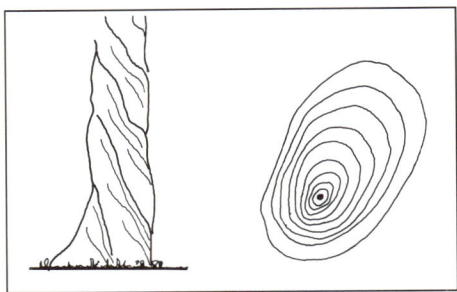

7

8

9

10

und exzentrischer Wuchs (Abb. 7). Sowohl für Wachstumsfehler wie für sonstige Holzkrankheiten (Schädlingsbefall, Fäulnis) gilt: Krankes Holz kann man bei entsprechender Aufmerksamkeit am Geruch (gesundes Holz riecht würzig, krankes muffig), am Klang (gesundes Holz klingt hell, krankes dumpf) und am Aussehen (Färbung, Insektenfraß) erkennen.

Neben dem bisher besprochenen Vollholz gibt es zumindest für den Rahmen auch die Möglichkeit, Leimbinder zu verwenden. Dabei handelt es sich um vorgetrocknete Holzteile von geringer Stärke, die aufeinandergelegt und mit hohem Preßdruck zu Brettern und »Balken« verleimt werden (Abb. 8). Vollholz ist zwar billiger, aber verleimte Hölzer sind praktisch verspannungsfrei, was gerade in Verbindung mit dem wenig elastischen Werkstoff Glas eine wichtige Rolle spielt.

Grundsätzlich gilt: Holzkauf ist Vertrauenssache! Weisen Sie bei Zweifel über die angegebene Qualität Ihren Händler ruhig darauf hin, daß Sie ihn gegebenenfalls regreßpflichtig machen werden.

Holz, das an der freien Luft und dem Wetter ausgesetzt ist, sollte niemals unbehandelt bleiben, wenn man die Zerstörung durch Insekten, Pilze und Fäulnis verhindern will (Abb. 9). Für besonders gefährdete Bereiche von Holzbauwerken hält der Fachhandel eine reichhaltige Auswahl verschiedener Holzschutzmittel bereit und gibt für die einzelnen Produkte detaillierte Anwendungs- und Verarbeitungshinweise. Grundsätzlich sollte man jedoch bereits bei der Planung von Holzkonstruktionen besonders schutzbedürftige Bauweisen vermeiden. So ist es beispielsweise wenig ratsam, Holz in feuchtem Erdboden zu verankern, wenn man dies durch einen einfachen Sockel vermeiden kann (Abb. 10). Gehobeltes oder geschliffenes Holz kann auch lackiert werden. Geeignete Lacke für den Außenbereich sind ebenfalls im Fachhandel zahlreich vorhanden. Allerdings sollte man bedenken, daß Lackanstriche unter Witterungseinflüssen nur eine begrenzte Haltbarkeit besitzen und immer mit hohem Arbeitseinsatz erneuert werden müssen (Abb. 11). Eine Alternative wäre die Bearbeitung mit farbigen Holzlasuren, die keinen festen Film bilden und deshalb weniger zeitraubend erneuert werden können. Bei der Bearbeitung von harzreichem Holz (Nadelbäume) ist zu beachten, daß größere Harzgallen beseitigt werden müssen, da sie auslaufen und durch Lacke schlagen können (Abb. 12). Die Beseitigung geschieht durch sorgfältiges Auskratzen oder Ausbrennen der betreffenden Stelle.

Zum Schluß noch einige Fachbegriffe, deren Kenntnis den Einkauf und das Arbeiten nach Arbeitsanleitungen erleichtern helfen. Beim Einkauf ist zu beachten, daß für Wintergärten geeignetes Bauschnittholz nach seiner Größe in Balken, Kanthölzer, Latten und Leisten unterteilt wird. Balken sind Schnitthölzer, deren größte Seitenabmessung mindestens 20 cm beträgt. Sie sind in Abmessungen von 8 × 20 cm bis 20 × 26 cm erhältlich. Kanthölzer haben einen rechteckigen oder quadratischen Querschnitt. Die geringste Seitenabmessung beträgt mindestens 6 cm, die größte Seitenabmessung ist kleiner als 20 cm. Die übliche Handelsware ist in den Maßen 6 × 10 cm bis 18 × 18 cm erhältlich. Die Abmessungen von Latten betragen 24 × 48 mm bis 50 × 80 mm. Das Vorzugsmaß (Dachlatten) beträgt 24 × 48 mm. Leisten werden in den verschiedensten Formen angeboten (Abb. 13).

Zur Beurteilung der Tragfähigkeit von Bauschnittholz ist eine Einteilung in drei Güteklassen vorgenommen worden. Güteklasse I beinhaltet Bauschnittholz mit besonders hoher Tragfähigkeit, die Güteklasse II und III Bauschnittholz mit gewöhnlicher und geringer Tragfähigkeit. Für die Einstufung sind Mängel wie Äste, Risse, Verfärbung, Jahresringbreite, Drehwuchs u. a. m. maßgeblich.

Je nach der Funktion, die das Holz in der Konstruktion ausübt, unterscheidet man beispielsweise zwischen Stützbalken (Pfeiler, Pfosten), die senkrecht stehen, schräg verbauten Sparren oder waagrecht angebrachten Pfetten. Pfetten und Sparren bilden Teile des Dachbereichs. Zur Aufnahme der Glasflächen werden häufig auch vorgefertigte Holzprofile benötigt, welche die L-oder T-Form besitzen (Abb. 14).

11

12

13

14

19

1

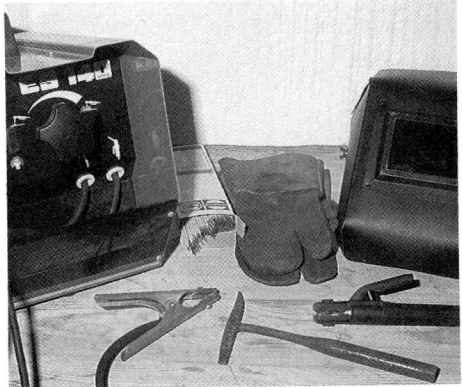

2

3

Stahl – ein belastbarer Werkstoff

Stahl (St) nennt man in der Fachsprache jedes ohne besondere Nachbehandlung schmiedbare Eisen. Dieser Werkstoff ist sehr druck-, zug- und biegfest, hat aber den Nachteil, daß er leicht rostet. Die unterschiedlichen Stahlsorten sind nach ihrer Güte in verschiedene Gruppen unterteilt. Für unsere Zwecke finden die Sorten mit der Bezeichnung St 37, St 46 und St 52 Verwendung. Im Fachhandel finden Sie auch die verschiedensten vorgefertigten Stahlprofile für praktisch alle Anwendungserfordernisse (Abb. 1).

Da die übliche Verbindung von Stahlteilen durch Schweißen geschieht, ist die Bearbeitung dieses Materials wohl nur für fortgeschrittene Hobbyhandwerker geeignet. Sie sollten außerdem über entsprechendes Werkzeug (E-Schweißgerät o. ä.) verfügen (Abb. 2). Außerdem ist es wichtig, daß Sie bereits ausreichend Erfahrung in entsprechenden Arbeiten gesammelt haben, da die Stabilität solcher Konstruktionen erheblich von der Qualität der Schweißnähte abhängig ist. Will man dennoch nicht auf die Verwendung dieses Materials verzichten, so sollte wenigstens für die Verbindung der Rahmenteile auf sachkundige Hilfe (z. B. Schlosser) zurückgegriffen werden.

Um die Korrosion (Rost) von Stahlteilen zu unterbinden, gibt es verschiedene Möglichkeiten. Ein sehr häufig angewandter Korrosionsschutz ist die Feuerverzinkung (Abb. 3). Diese geschieht durch das stückweise Tauchen von Konstruktionsteilen in sogenannten Lohnverzinkereien. Das Problem für den Hobbyhandwerker ist hier, daß verzinkte Teile nicht ohne spezielle Absaugvorrichtungen verschweißt werden dürfen, da dabei hochgiftige Dämpfe entstehen. Neben den Kosten für die Feuerverzinkung sind auch noch die Kosten für

Hin- und Rücktransport der sperrigen vormontierten Rahmenteile zu berücksichtigen. Ein weiterer Nachteil ist, daß Farbanstriche auf verzinktem Untergrund leicht abblättern. Dies hat zwar keine Auswirkungen auf den Korrosionsschutz, der durch die Feuerverzinkung nach wie vor gegeben ist, beeinträchtigt aber das Aussehen und erfordert immer wieder Schönheitsreparaturen.

Neben der Feuerverzinkung haben auch Anstriche eine gute Schutzfunktion gegen Rostbildung (Abb. 4). Hier ist zu unterscheiden zwischen dem Grundanstrich, der der eigentlichen Korrosionsverhinderung dient, und dem Deckanstrich zum Schutz des Grundanstrichs gegen Feuchtigkeit, Abnutzung und Lichteinwirkung. Der Fachhandel hält für beide Anstricharten ein umfangreiches Sortiment bereit und berät auch gerne bei der Auswahl. Besonders bei den Grundanstrichen sollte unbedingt auf höchste Qualität der Erzeugnisse geachtet werden. Grundanstriche mit der Bezeichnung Menige oder Zinkchromat haben sich bestens bewährt.

Um einen dauerhaften Rostschutz zu gewährleisten, sollten im allgemeinem zwei Grundanstriche und zwei Deckanstriche erfolgen. Bei einwandfreier Ausführung können solche Anstriche ihre Schutzfunktion bis zu 10 Jahre gewährleisten. Wurde nicht gründlich genug gearbeitet, ist sehr bald eine Erneuerung des Anstrichs nötig. Das zuvor unabdingbare Entrosten kostet viel Zeit und Mühe (Abb. 5).

Neben dem bisher beschriebenen passiven Rostschutz sollten auch die Grundsätze des aktiven Rostschutzes beachtet werden. So können bereits durch überlegte Konstruktion zukünftige »Rostfallen« vermieden werden. Dazu gehört zum Beispiel die Vermeidung von Schmutz- und Wasseransammlungen durch Öffnungen für den Wasserabfluß oder auch die Verwendung nichtrostender Bauelemente als Abstandhalter an feuchtigkeitsspeichernden Auflagepunkten (Abb. 6).

Abschließend sei bemerkt, daß man Stahlkonstruktionen im Wintergartenbau wegen der hohen Temperaturleitfähigkeit des Materials größtenteils bei nicht winterfesten Glasanbauten vorfindet. Das Problem der Konderswasserbildung kann dann vernachlässigt werden.

4

5

6

Materialkunde Metall

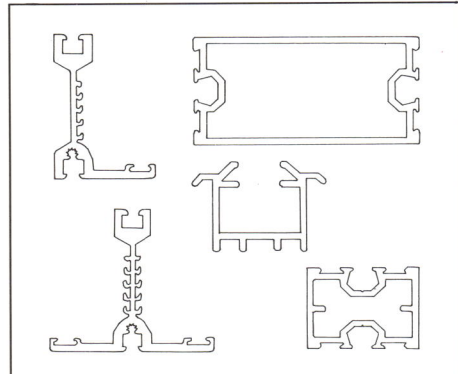

1

2

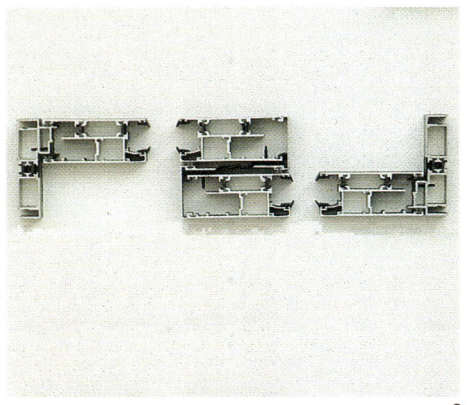

3

Aluminiumprofile sind vielseitig verwendbar

Im Gegensatz zu Holz und Stahl hat Aluminium den großen Vorteil, daß es gegenüber Witterungseinflüssen praktisch unempfindlich ist. Darüber hinaus garantieren sein geringes Gewicht und die hervorragende Festigkeit zahlreiche Möglichkeiten in der konstruktiven Verwendung. Ebenso wie Stahl ist dieses Material in den vielfältigsten Profilformen lieferbar. (Abb. 1).

Obwohl Aluminium in der Anschaffung relativ teuer ist, sind die Gesamtkosten wegen der entfallenden Korrosionsschutz- und Korrosionsbeseitigungsmaßnahmen auf längere Sicht mit anderen Materialien vergleichbar. Aluminiumbauteile gibt es auch in Farbausführungen, die durch Eloxieren des Metalls entstehen (Abb. 2).

Für den Heimwerker eignet sich Aluminium, weil es wegen seines geringen Gewichts leicht handhabbar ist. Außerdem läßt es sich mit üblicherweise vorhandenem Werkzeug gut bearbeiten, wie z. B. sägen, bohren, schleifen. Für die Verbindung von Aluminiumbauteilen eignen sich Niet- und Schraubverbindungen, wobei beachtet werden muß, daß nur nichtrostende oder oberflächengeschützte (verchromte) Stahlschrauben verwendet werden dürfen.

Serienprofile haben meist zwischen dem Außen- und Innenrahmen eine thermische Kunststofftrennung (Abb. 3). Diese ist notwendig, um Schwitzwasserprobleme an der Innenseite zu vermeiden.

Bei der Bearbeitung von Aluminium ist zu beachten, daß es zwar enorm witterungsbeständig ist, aber daß es bei Berührung mit anderen Materialien durchaus zu Kontaktkorrosion kommen kann. So ist beispielsweise in Feuchtbereichen eine Berührung mit Stahl- oder Holzteilen durch das Zwischenlegen entsprechender Spezialfolien zu unterbinden. Daneben erfordert die

Empfindlichkeit des Aluminiums gegen Säuren und Basen besonders während der Rohbauzeit gewisse Kontaktschutzmaßnahmen. Will man häßliche, nicht mehr zu beseitigende Flecken auf den Sichtflächen vermeiden, so sollte man diese Teile sorgfältig gegen Mörtelspritzer schützen (Abb. 4). Einfache Verunreinigungen von Aluminiumteilen kann man mit sanften Reinigungsmitteln (z. B. Geschirrspülmittel u. ä.) beseitigen. Verwenden Sie jedoch zur Reinigung niemals laugenhaltige Abwaschmittel.

Zum Schluß sei noch darauf hingewiesen, daß einige Firmen inzwischen Wintergärtenanbauten aus Aluminium als fertige Bausätze liefern (Abb. 5).

4

Materialkunde Metall

5

1

2

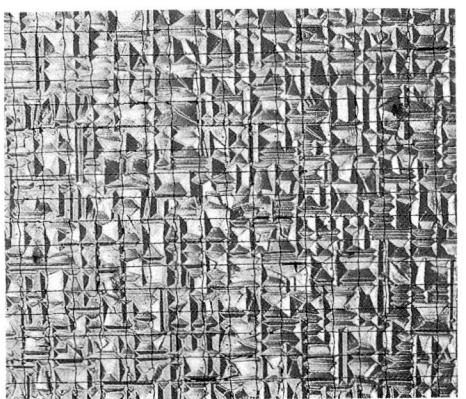

3

Kleine Glaskunde

Glas ist ein Material, das am Bau in den unterschiedlichsten Formen und Farben und zu den verschiedensten Zwecken verwendet wird (Abb. 1–4). Der Hauptvorteil dieses Materials liegt in seiner fast uneingeschränkten Durchlässigkeit für Licht, der Hauptnachteil in der Zerbrechlichkeit. Gegenüber Säuren ist Glas beständig – abgesehen von Fluatverbindungen, die beispielsweise in Holzschutzmitteln vorhanden sein können. Laugen – wie zum Beispiel Kalkwasser – können bei längerer Einwirkung zur Trübung führen.

Für den Wintergartenanbau ist die gläserne Außenhaut der wichtigste Bestandteil. Sie bietet die Möglichkeit, viel Licht und Sonne für Menschen und Pflanzen hindurchzulassen. Gleichzeitig hält sie aber die eingestrahlte Wärmeenergie im Raum zurück. Wie hoch Lichtdurchlässigkeit und Wärmedämmung sind, hängt von den Eigenschaften der verwendeten Gläser ab.

Die Wärmedämmeigenschaft eines Materials wird mit dem sogenannten k-Wert gekennzeichnet. Er gibt an, welche Energiemenge zwischen dem Innen- und Außenbereich durch das Material entweichen kann. Bei Einfachscheiben liegt der k-Wert bei 5,8. Sie werden deshalb vorwiegend bei Gewächshäusern oder Glasvorbauten verwendet, die nur saisonal benutzt werden (Abb. 5).

Um einen kleineren (und damit günstigeren) k-Wert zu erreichen, ist es sinnvoll, zumindest Doppelverglasungen mit Einfachscheiben durchzuführen (Abb. 6). Dies war früher die übliche Art der Fensterverglasung, wie sie auch heute noch in Form von Doppelflügelfenstern in zahlreichen Bauten anzutreffen ist.

Die Weiterentwicklung in der Glastechnik hat jedoch inzwischen zu Scheibenverbunden geführt, die einen zweiten Fensterflügel erübrigen. Diese Scheibenverbunde werden als Isoliergläser bezeichnet und sind in zwei- oder dreischeibigen Versionen (k-Wert: 3,0, 1,9) erhältlich. Der Aufbau solcher Isoliergläser macht die Bildung von Kondenswasser und das Eindringen von Schmutz praktisch unmöglich. Der Abstandhalter – mit einem Molekularsieb, das die im Zwischenraum bei der Fertigung vorhandene Feuchtigkeit bindet – wird zum Beispiel mit Butyl als erster und Thiokol als zweiter Dampfsperre zwischen die beiden Glasscheiben geklebt (Abb. 7). Eine spezielle Dichtung der Ecken sorgt zusätzlich dafür, daß die Isoliergläser bei sachgemäßem Einbau eine lange Lebensdauer haben.

Die besten Werte erzielen jedoch hochwärmedämmende Isoliergläser, bei denen eine Scheibeninnenseite mit einer hauchdünnen Edelmetallschicht überzogen ist (Abb. 8). Die Schicht ist nicht zu sehen und vermindert auch Licht- und Wärmedurchlässigkeit für einfallende Strahlung kaum. Der k-Wert eines solchen zweischeibigen Wärmeschutzisolierglases, bei dem der Scheibenzwischenraum außerdem auch noch mit einem speziellen Gas gefüllt ist, beträgt 1,4. Gegenüber einem normalen Isolierglas geht bei Wärmedämmverglasung also nur noch halb soviel Wärme verloren.

Für die Qualität eines Wärmedämmglases ist jedoch nicht allein der k-Wert (Wärmeschutz), sondern auch der g-Wert (Sonnenkollektorfunktion) entscheidend. Die Fähigkeit, Wärmeenergie der Sonne in hohem Maße einfluten zu lassen, bringt Ersparnisse bei den Heizkosten. Der hohe g-Wert und der niedrige k-Wert beim beschichteten Wärmedämmisolierglas bedeuten viel solare Strahlung (externe Fremdwärme) von draußen nach drinnen und wenig Raumwärme von innen nach außen. Damit bezieht man kostenlose Heizenergie und senkt den Heizenergiebedarf.

So wichtig die positiven Dämmeigenschaften von Wärmeisolierglas auch sind, so besitzt es dennoch einen Nachteil, der für manchen Wintergartenplaner entscheidend ist – und das ist der hohe Anschaffungspreis. Dieser macht sich um so mehr bemerkbar, als gerade bei Wintergartenbauten die Verglasung den größten Anteil

4

5

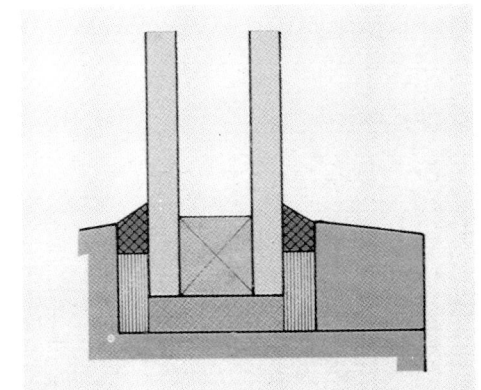

6

Materialkunde Verglasung

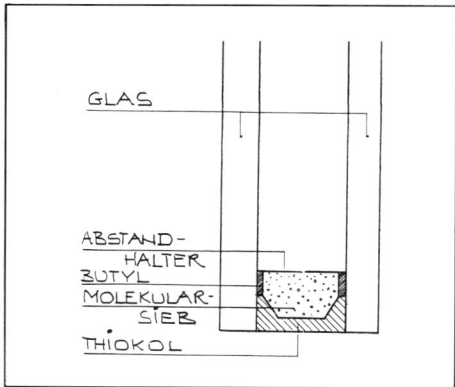

7

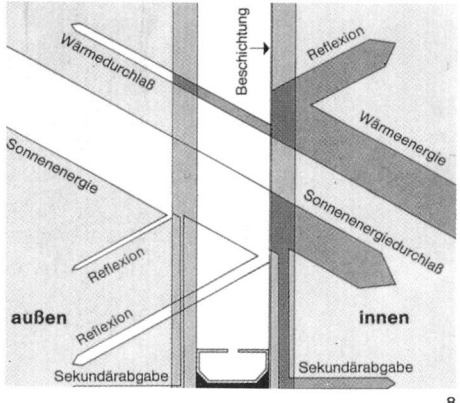

8

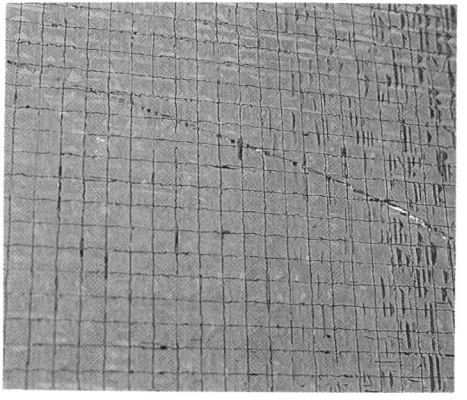

9

des Baumaterials ausmacht. Isolierverglasung lohnt sich letztlich nur dann, wenn der Wintergarten als ganzjährig benutzbare Wohnraumerweiterung gedacht ist.

Neben den bisher genannten Eigenschaften der Lichtdurchlässigkeit und Wärmedämmung gibt es auch noch Gläser, die schallschluckend wirken und einbruchshemmende Funktion haben.

Für die Schrägverglasung im Dachbereich müssen Sie bei Ihrer Entscheidung allerdings auf gewisse Bauvorschriften Rücksicht nehmen. Dazu gehört beispielsweise, daß Verglasung »über Kopf« splitterbindend sein muß, das heißt, daß die Scheiben drahtarmiert oder aus Verbundsicherheitsglas bestehen müssen. Drahtarmierte Scheiben enthalten eingeschlossene Drähte, die beim Zerbrechen des Glases die Bruchstücke festhalten. Da durch das Drahtgeflecht nur eine begrenzte Splitterbindung gewährleistet ist, darf Drahtglas nur bis zu maximal 70 cm Breite »über Kopf« eingesetzt werden. Ein weiterer Nachteil ist die geringe Elastizität des eingeschlossenen Drahtgeflechts, die bei raschen Temperaturschwankungen oder hoher Aufheizung, wie sie bei dunkel gefärbtem Glas oder dunklen Auflageflächen auftritt, unweigerlich zu Sprüngen führt (Abb. 9).

Beim Verbundsicherheitsglas bindet eine zwischen den Glasscheiben liegende Klebefolie im Fall eines Bruches alle Splitter und verhindert somit das Herabfallen.

Neben der Splitterbindung spielt im Dachbereich auch noch die Belastbarkeit durch Schnee und Hagel eine Rolle. Verglasungseinheiten müssen also entsprechend der zu erwartenden Belastungen in ihrer Stärke richtig dimensioniert sein. Daten (zum Beispiel Schneelastgebiete) und Berechnungsformeln kann Ihnen Ihr Glaslieferant zur Verfügung stellen. Ihm sollten Sie auch einen Plan Ihres Bauvorhabens zeigen und seine fachkundige Meinung zur Verwendbarkeit des von Ihnen ausgewählten Verglasungsmaterials erfragen.

Zum Abschluß sei noch darauf hingewiesen, daß es Glas im Handel in zahlreichen Spezialabmessungen zu kaufen gibt. Wenn Sie Glas für Ihre Planung zuschneiden lassen müssen, bedeutet das aber keine ins Gewicht fallenden Extrakosten.

Wintergarten mit Schrägverglasung im Dachbereich

Plexiglas ist ein moderner und attraktiver Baustoff

Die Vorteile von Plexiglas

Neben herkömmlichem Glas gibt es seit geraumer Zeit auch ein Material aus Acryl-Kunststoff, das die Bezeichnung Plexiglas trägt. Seine Eigenschaften unterscheiden sich von herkömmlichem Glas: es ist lichtdurchlässiger als Glas, bruchfest, federnd hart, jedoch nicht kratzfest und normal entflammbar. Es ist in Form von Einfach-, Stegdoppel-, Stegdreifach- und Sinusplatten sowie in den verschiedensten Stärken erhältlich.

Stegdoppel- und Stegdreifachplatten erfüllen auch Wärmedämmforderungen. Im Gegensatz zum Isolierglas sind aber die Innenräume der Plexiglas-Stegdoppelplatten nicht hermetisch abgedichtet, sondern liegen offen.

Aus diesem Grund müssen sie bei Anwendung im Außenbereich immer mit einem Gefälle in Stegrichtung verlegt werden, da nur so das sich bildende Kondenswasser am unteren Plattenende austreten und Algen-und Moosbildung vermieden werden kann.

Für die Montage schreibt der Hersteller vor, die Stegplatten an den oberen Stirnseiten völlig, an den unteren aber nur teilweise zu verschließen, so daß alle Hohlräume belüftet werden.

Der k-Wert beträgt bei Einfachplatten von 3 mm Stärke 5,6, bei Stegdoppelplatten 2,9.

Plexiglas dehnt sich unter Wärme- und Feuchtigkeitseinwirkung aus und zieht sich bei Kälte oder Trockenheit zusammen. Vor allem bei der Montage großflächiger Scheiben muß deshalb auf die Verwendung von Befestigungsteilen geachtet werden, die die Dehn- und Schrumpf-bewegungen des Plexiglases uneingeschränkt gewährleisten. Außerdem müssen beim Einbau einerseits rundherum entsprechende Dehnungsspielräume eingeplant werden, um ein Wellen der Plexiglasscheiben bei Erwärmung durch starke Sonneneinstrahlung zu vermeiden, andererseits aber die Haltevorrichtungen so bemessen sein, daß ein Herausrutschen der Platten bei Minustemperaturen in den Wintermonaten auszuschließen ist. Für das Ausdehnungsspiel gilt als Richtwert ein allseitiger Abstand von etwa 5 mm für jede Platte.

Das Gewicht von einfachen Plexiglasplatten ist mit knapp 1,2 kg/m^2 pro Millimeter Dicke sehr gering, weshalb umfangreiche Unterkonstruktionen eingespart werden können. Diese Vereinfachung hilft Kosten zu sparen.

Die Oberfläche ist völlig porenlos und Schmutz kann nicht haften bleiben. Die Reinigung der Scheibenelemente ist problemlos. Falls wirklich einmal nötig, genügt es meist, die Scheiben mit Schwamm und warmem Wasser zu wischen. Notfalls kann ein Spülmittel zugesetzt werden.

Ein weiterer Vorteil von Plexiglas ist seine hohe Witterungsbeständigkeit, die der Hersteller mit einer 10-Jahres-Garantie auf Vergilbung und Versprödung bestätigt. Bei ständig wachsender Umweltbelastung ist dies von Bedeutung.

Ebenso wie Glas ist Plexiglas in verschiedenen Formen und Einfärbungen erhältlich.

Bei Plexiglas ist es am preisgünstigsten, die Abmessungen des Wintergartenanbaus bereits bei der Planung so zu wählen, daß auf die angebotenen Normmaßscheiben zurückgegriffen werden kann.

Die Abbildung links zeigt eine Sinusprofilplatte mit glatter Oberfläche, eine Sinusprofilplatte mit strukturierter Oberfläche, eine Stegdreifachplatte, eine Stegdoppelplatte, eine flache Platte mit glatter Oberfläche und eine flache Platte mit strukturierter Oberfläche.

Die Pflanzen im Wintergarten

Bäume, Sträucher, Büsche und Blumen sind der schönste Teil eines Wintergartens. Sie schaffen die grüne Umgebung, in der man die meiste Zeit des Jahres verbringen kann. Außerdem helfen sie mit, den Raum zu klimatisieren und die Luft durch Sauerstoffproduktion erheblich zu verbessern.

Bis man jedoch wußte, welche Pflanzen das sehr schnell wechselnde Klima in Glasbauten am besten verkraften und dazu noch wenig Pflege benötigen, waren langjährige Experimente erforderlich.

Die aus Architekten, Medizinern, Psychologen und Gartenfachleuten zusammengesetzte Gruppe LOG ID in Tübingen hat diese Forschungen als erste vorgenommen und inzwischen fundierte Erkenntnisse gewonnen, die sich inzwischen bei vielen Solarbauten bewährt haben.

Die meisten einheimischen Pflanzen könnten zwar auch mit den Klimaverhältnissen in einem Glashaus oder einem Wintergarten zurechtkommen. Sie würden aber in vielen Fällen im Herbst entsprechend der Jahreszeit die Blätter abwerfen und dann etwa vier Monate kahlstehen. Und dies würde gerade zu der Jahreszeit geschehen, in der man auf das »Grün« besonderen Wert legt. Erst im Frühjahr könnten neue Blätter wieder für ein angenehmes Klima sorgen.

Pflanzen aus subtropischen Gebieten, etwa aus dem Mittelmeergebiet, von den Kanarischen Inseln, aus Südafrika, Australien und vergleichbaren Zonen sind hingegen weitaus besser geeignet. Ihr Bedarf an Licht, Luft, Temperatur und Luftfeuchtigkeit ist am ehesten mit den Bedürfnissen des Menschen in Einklang zu bringen. Subtropische Pflanzen vertragen hohe Temperaturschwankungen, sie brauchen die im Glashaus anfallende intensive Lichteinstrahlung, sie verlangen bei niedrigen Raumtemperaturen im Winter, die nicht unter 5 Grad über Null absinken sollten, kaum Feuchtigkeit. Dazu haben sie eine relativ große Widerstandskraft, da sie von den Jahreszeiten weit weniger beeinflußt werden als die Pflanzen aus unseren Breiten. Fachberater in Gartencentern wissen darüber noch sehr viel mehr und werden Ihnen bei der Erstbepflanzung helfen.

Unter vielen anderen sind folgende Pflanzenarten geeignet: Ölbaum – Olea europea, Johannisbrotbaum – Ceratonia saliqua, Obstfeige – Citus limon, Mastixstrauch – Pistazia lenticus, Granatapfelstrauch – Punica granatum, Japanische Wollmispel – Eriobotrya japonica, Akazien – Acacia dealbata, Acacia imperialis, Feijoa selewiana, Pittosporum topira, Jasminum azoricum, Muehlenbeckia complexa, Cissus henryana, Nandina domestica.

In kurzer Zeit haben sich hier, in Maurerkübeln stehend, eine mit gefiederten Blättern ausgestattete australische Seideneiche (Grevillea robusta) und ein Eukalyptusstrauch aus kleinen Pflanzen entwickelt (Abb. 1).

Links ein schnell wachsender Trompetenbaum neben einer Birkenfeige und einer Yucca. Als Unterpflanzen haben alle Kübel immergrüne, bodendeckende und auch rankende Gewächse. Sie verhindern das Austrocknen und Verkrusten des Bodens (Abb. 2).

Eine Sitzgruppe, umrahmt von viel subtropischem Grün ist besonders reizvoll (Abb. 3).

Die aus einem kleinen Ableger gezogene, schon mehrfach zurückgeschnittene Zimmerlinde blüht auch im Winter (Abb. 4).

Materialkunde Ausstattung

1

2

3

4

Zusatzeinrichtungen zur Beschattung sind wichtig

Zu den wichtigsten Entscheidungen beim Bau eines Wintergartens gehört die Auswahl der Beschattung. In der Regel genügt der natürliche Sonnenschutz durch Bäume und Sträucher nicht, weshalb auf Markisen, Rollos, Rolladen- und Jalousettensysteme zurückgegriffen werden muß.

Ist ausreichend Platz an der Hauswand über dem Glasbau vorhanden, kann eine handelsübliche Gelenkmarkise leicht montiert werden: ein preiswerter und wirksamer, oft auch dekorativer Sonnenschutz der senkrechten Glasfront (Abb. 1).

Die meist nahezu waagrechten Glasflächen des Dachs werden am wirksamsten mit außen angebrachten Rolladensystemen vor allzu starker Sonneneinstrahlung im Sommer geschützt (Abb. 2).

Aufwendiger und leider auch teurer, aber speziell für Wintergärten entwickelt, sind Markisen- und Rolladensysteme, die mit Abstand auf die Dachkonstruktion montiert werden.

Manche Firmen bieten auch Jalousettensysteme aus Aluminium oder Sicherheitsglas an, die – auf der Dachfläche montiert – manuell oder mit Hilfe eines Motors durch Senkrecht- bzw. Waagrechtstellen eine Regulierung des Sonneneinfalls gewährleisten und gleichzeitig zur Belüftung beitragen. Im geschlossenen Zustand bilden sie das Dach des Wintergartens (Abb. 3). Diese Lösung ist technisch natürlich sehr aufwendig und verursacht merklich höhere Kosten.

Die preisgünstigere, aber weitaus weniger wirksame Beschattungsmöglichkeit ist der Einbau einer Markise oder eines Rollos im Innenraum. Abbildung 4 zeigt, daß ein unter Spannung gehaltenes Rollo auch in waagrechter Lage nicht durchhängen muß.

Die Beschattung sorgt für ein angenehmes Raumklima

Materialkunde Ausstattung

Häufig verwendete Schrauben und Nägel

Schrauben (von links nach rechts): Schraubverbindungen sind haltbarer als Nagelverbindungen und können leichter wieder gelöst werden.

Die Schlüsselschraube besitzt einen Sechskantkopf und muß mit einem zur Kopfgröße passenden Schraubenschlüssel angezogen werden. Sie findet vornehmlich dort Verwendung, wo es auf hohe Stabilität ankommt.

Die Kreuzschraube wurde speziell für die rasche Arbeit mit dem Schraubbohrer entwickelt. Ihr Kreuzschlitz verhindert, daß der Schraubenzieherkopf zu leicht herausrutscht.

Die Halbrundholzschraube dient in erster Linie zur Befestigung von Metallbeschlägen (z. B. Scharnieren) ohne Senkloch in Holzrahmen.

Der Kopf der Flachkopfschraube – auch Senkkopfschraube genannt – wird so weit in das Material eingeschraubt, daß Material- und Schraubkopfoberfläche in einer Ebene liegen.

Die Zierkopfschraube (nicht im Bild) wird hauptsächlich dort verwendet, wo es auf ein dekoratives Erscheinungsbild nicht verblendbarer Schraubverbindungen ankommt.

Nägel (von links nach rechts): Nagelverbindungen haben den Vorteil, daß sie im allgemeinen schneller als Schraubverbindungen hergestellt werden können. Nägel und nagelähnliche Befestigungsmittel hängen in ihrer Form stark vom Verwendungszweck ab:

Stahlstifte mit Senkkopf können universal zur Befestigung von Holz an nagelbarem Mauerwerk (keine Betonwand) verwendet werden.

Drahtnägel mit Stauchkopf werden verwendet, wenn die Verbindung unsichtbar bleiben soll.

Der Drahtnagel mit Senkkopf verbindet Holzteile, bei denen es nicht auf das äußere Aussehen der Verbindung ankommt.

Heftklammern wurden speziell für schnelle »Nagelverbindungen« mit einem Heftapparat (Takker) entwickelt. Sie eignen sich meist nur zum Befestigen leichterer Materialien.

Goldleistenstifte dienen der Befestigung von Leisten. Der fehlende Kopf ermöglicht ein vollständiges Versenken, läßt andererseits aber keine Zugkräfte in Nagellängsrichtung zu.

Dekorative Polsternägel dienen der sichtbaren Befestigung von leichten Verzierungen.

Gehärtete Stahlnägel ermöglichen ein sicheres Verankern nagelbarer Werkstoffe in Ziegel- und Leichtbetonwänden. Sie werden bei Rohbaubefestigungen (Fensterrahmen) verwendet.

Schraubnägel mit Senkkopf ermöglichen ein »bombenfestes« Befestigen auch schwerer Werkstoffe (z. B. Spanplatten zur Wandverkleidung). Sie sind ohne Beschädigung des Materials nicht mehr herauszuziehen.

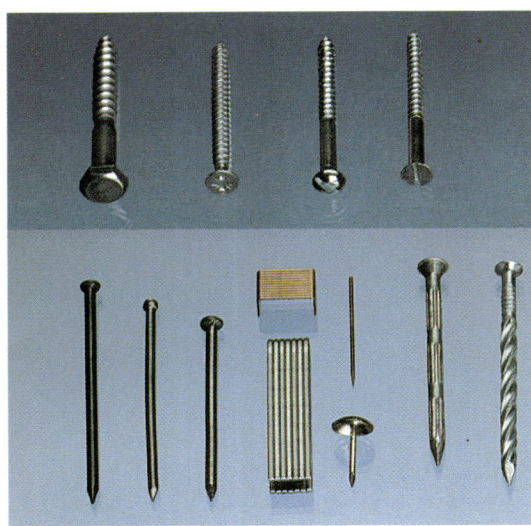

Bei Nägeln und Schrauben finden Sie reiche Auswahl

Dichtungen schützen den Glasbau

Dichtstoffe sollen die Außenteile eines Bauwerks vor Witterungseinflüssen schützen. In erster Linie geht es dabei darum, das Eindringen von Wasser (Regen, Schmelzwasser) und Zugluft zu vermeiden.

Abgedichtet werden vorrangig Bauwerksfugen und Glaseinsätze. Die abzudichtenden Bauwerksteile können aus gleichen oder verschiedenen Baustoffen bestehen. Dies führt zu hohen Anforderungen an das Dichtmaterial, da es auch bei Temperaturdehnung, Materialschwund, Winddruck und extremer Nässe über lange Zeiträume seine Eigenschaft beibehalten soll.

Die für unseren Anwendungsbereich benötigten Dichtstoffe lassen sich in drei verschiedene Grundformen einteilen: Dichtmasse, Dichtband und Dichtprofil.

Dichtmassen werden in plastischem Zustand verarbeitet und zeigen dauerelastisches Verhalten. Sie sind im Handel meist in Kartuschen erhältlich und werden mit einer Druckspritzpistole ausgebracht (Abb. 1). Ihre Hauptanwendung finden Dichtmassen bei der Abdichtung oder abschließenden Versiegelung extrem feuchtigkeitsgefährdeter Fugenbereiche.

Dichtbänder (Abb. 2) sind meist mit einer selbstklebenden Schicht versehen und dienen häufig zur Abdichtung großflächiger Stoßstellen verschiedener Baumaterialien (Hausmauer/Anschlußprofil). Dabei erfüllen sie neben ihrer abdichtenden häufig auch eine dämpfende Funktion (Fensterrahmen/Glasscheibe).

Dichtprofile können sowohl aus biegsamem Gummi als auch aus unbiegsamem Kunststoff bestehen. Ihr Verwendungsbereich liegt vornehmlich in der Verglasung ser enmäßig gefertigter Standardprofile, wo sie neben dem Abdichten auch dem Fixieren von Plexiglasscheiben dienen (Abb. 3).

1

2

3

Materialkunde Befestigungsmittel

Die wichtigsten Werkzeuge

Auf diesen beiden Seiten finden Sie Kurzbeschreibungen der wichtigsten Werkzeuge, die Sie zum Isolieren und Dämmen benötigen. Welche Werkzeuge Sie für einzelne Arbeitsgänge und -anleitungen brauchen, ersehen Sie aus den Abbildungen unter der Rubrik »Werkzeuge«, die Sie bei allen Arbeitsanleitungen finden.

Werkzeuge zum Schneiden

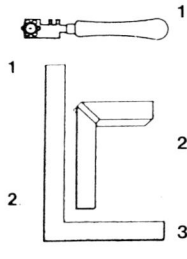
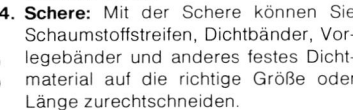
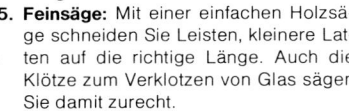

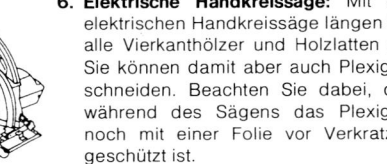

1. **Glasschneider:** Um Einfachscheiben fachgerecht zu schneiden, benötigen Sie den Glasschneider. Mit dem Griff des Glasschneiders klopfen Sie an der Schnittstelle entlang, bevor Sie das Glas über eine Kante brechen.

2. **Winkellineal:** Um Messer oder Glasschneider sauber zu führen, benötigen Sie ein Winkellineal oder eine Anschlagleiste.

3. **Kittmesser:** Mit dem Kittmesser schneiden Sie überstehenden Kitt ab oder schrägen den Kitt vom Glas zum Rahmen hin ab.

4. **Schere:** Mit der Schere können Sie Schaumstoffstreifen, Dichtbänder, Vorlegebänder und anderes festes Dichtmaterial auf die richtige Größe oder Länge zurechtschneiden.

5. **Feinsäge:** Mit einer einfachen Holzsäge schneiden Sie Leisten, kleinere Latten auf die richtige Länge. Auch die Klötze zum Verklotzen von Glas sägen Sie damit zurecht.

6. **Elektrische Handkreissäge:** Mit der elektrischen Handkreissäge längen Sie alle Vierkanthölzer und Holzlatten ab. Sie können damit aber auch Plexiglas schneiden. Beachten Sie dabei, daß während des Sägens das Plexiglas noch mit einer Folie vor Verkratzen geschützt ist.

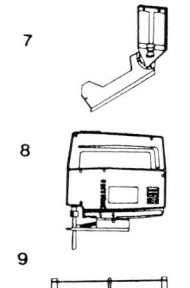

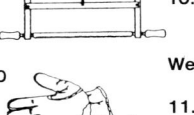

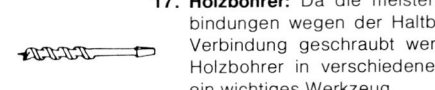

7. **Elektrische Gehrungskappsäge:** Mit dieser Säge schneiden Sie Aluminiumprofile maßgenau und sauber, so daß Sie dann alle Teile fugenlos aneinandersetzen können.

8. **Stichsäge:** Mit der Stichsäge können Sie leicht Plexiglas schneiden. Achten Sie darauf, daß das Plexiglas noch mit einer Folie gegen Verkratzen geschützt ist.

9. **Bügelsäge:** Geeignet zum Zuschneiden von Gasbetonsteinen.

10. **Schutzhandschuhe:** Schützen vor Verletzungen beim Glasschneiden.

Werkzeuge zur Oberflächenbehandlung

11. **Schmirgelpapier:** Mit feinem Schmirgelpapier schleifen Sie die scharfen Schnittstellen von Glas nach. Gröberes Schmirgelpapier verwenden Sie, um Roststellen an Metallen zu säubern.

12. **Pinsel:** Geeignete Pinsel benötigen Sie zum Auftragen von Holzschutz, Rostschutz und Deckanstrichen.

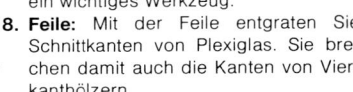

13. **Kugelbohrer:** Mit dem Kugelbohrer ist es möglich, sauber und ohne Gefahr des Zerbrechens Plexiglas zu bohren.

14. **Stufenbohrer:** Wie der Kugelbohrer eignet sich der Stufenbohrer, um Plexiglas zu bohren.

15. **Spiralbohrer:** Mit einem für Plexiglas geeigneten Anschliff kann auch der Spiralbohrer verwendet werden, wenn Sie Löcher in Plexiglas bohren müssen.

16. **Steinbohrer:** Mit dem Steinbohrer ist es möglich, alle Löcher für Befestigungen in Mauerwerk zu bohren. In die Löcher setzen Sie dann Dübel ein.

17. **Holzbohrer:** Da die meisten Holzverbindungen wegen der Haltbarkeit der Verbindung geschraubt werden, sind Holzbohrer in verschiedenen Größen ein wichtiges Werkzeug.

18. **Feile:** Mit der Feile entgraten Sie Schnittkanten von Plexiglas. Sie brechen damit auch die Kanten von Vierkanthölzern.

19. **Spachtel:** Mit der Spachtel ziehen Sie überschüssige Silikon-Dichtungsmasse oder Kitt ab.

20. **Zahnkelle:** Mit der Zahnkelle verteilen Sie Fliesenkleber gleichmäßig auf dem Untergrund.

21. Gummihammer: Der Gummihammer dient dazu, die Fliesen im Kleberbett in die richtige Lage zu bringen.

22. Schaufel: Zum Verteilen des Mörtels bei Estricharbeiten.

23. Abziehlatte: Mit der Abziehlatte glätten Sie grob den Mörtel für den Estrich und überprüfen, ob der Estrich waagrecht liegt. Ebenso verteilen Sie mit der Abziehlatte die Trockenschüttung, die unter die Fußbodenheizung kommt.

24. Reibebrett: Zum gröberen Ausgleichen der Estrichfläche führen Sie das Reibebrett in größeren Kreisen.

25. Stahlglätter: Dient zum feinen Glätten und zum Verteilen von Ausgleichsmasse.

26. Spaten: Mit dem Spaten heben Sie das Erdreich aus, um Fundamente zu setzen.

27. Stemmeisen: Das Stemmeisen dient dazu, um Kerben für dauerhafte Holzverbindungen zu schaffen.

28. Drahtbürstenaufsatz: Mit Hilfe des Drahtbürstenaufsatzes auf der elektrischen Bohrmaschine können Sie Roststellen an Metallen entfernen.

29. Handdrahtbürste: Die Handdrahtbürste sollten Sie zum Entrosten nur dann verwenden, wenn es sich um kleine Flächen handelt.

30. Winkelschleifer: Der Winkelschleifer mit einer Metallschrubscheibe eignet sich besonders, um große oder tiefgehende Roststellen an Metallen zu entfernen.

31. Flammstrahlbrenner: Mit dem Flammstrahlbrenner brennen Sie breitdüsig Roststellen ab oder verschweißen mit größeren Geräten Bitumenbahnen.

32. Meißel: Um Latten oder Balken an die Außenwand eines Hauses anbringen zu können, müssen Sie meist mit Hammer und Meißel Unebenheiten ausgleichen. Vorstehenden Putz schlagen Sie ab.

33. Gewindebohrer: Für die Verbindung von Aluminiumprofilen müssen Sie in die Verbindungsstücke meist Gewinde bohren.

Werkzeuge zum Befestigen

34. Hammer: Mit dem Hammer können Sie alle Holzverbindungen nageln. Sie

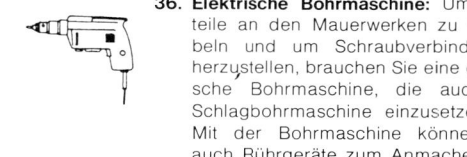

benötigen den Hammer außerdem, um hervorstehenden Putz abzuschlagen.

35. Tacker: Um auf Sparren, Pfetten und anderen Vierkanthölzern Dichtbänder zu befestigen, benutzen Sie am schnellsten und sichersten den Tacker.

36. Elektrische Bohrmaschine: Um Bauteile an den Mauerwerken zu verdübeln und um Schraubverbindungen herzustellen, brauchen Sie eine elektrische Bohrmaschine, die auch als Schlagbohrmaschine einzusetzen ist. Mit der Bohrmaschine können Sie auch Rührgeräte zum Anmachen von Mörtel, Ausgleichsmasse und Fliesenkleber verwenden.

37. Schraubenzieher: Für die verschiedenen Schraubengrößen und Schraubenarten sollten Sie sich eine ausreichende Auswahl an Schraubenziehern bereitlegen.

38. Inbusschlüssel: Für viele Schraubverbindungen bei Aluminiumprofilen benötigen Sie Inbusschlüssel.

39. Gabelschlüssel: Gabelschlüssel der verschiedenen Größen werden gebraucht, um Muttern bei geschraubten Metallverbindungen anzuziehen.

Werkzeuge zum Messen

40. Zollstock: Mit dem Zollstock vermessen Sie Längen der Bauteile, Kantenlängen der Bauflächen und anderes.

41. Richtschnur: Die Richtschnur hilft Ihnen, alle Fliesen in der einheitlichen Flucht zu verlegen.

42. Wasserwaage: Mit der Wasserwaage stellen Sie fest, ob die Bauteile auch senkrecht oder waagrecht eingebaut oder montiert wurden, bevor sie endgültig befestigt werden.

43. Schlauchwaage: Um den Untergrund über längere Entfernungen waagrecht zu gestalten, benötigen Sie eine Schlauchwaage.

Weitere Hilfsmittel

44. Auspreßpistole: Mit der Auspreßpistole verfüllen Sie leicht alle Fugen mit Silikon-Dichtungsmasse.

45. Taschenrechner: Mit Hilfe des Taschenrechners können Sie einfach alle wichtigen Berechnungen vornehmen.

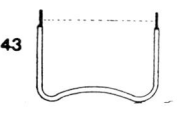

1

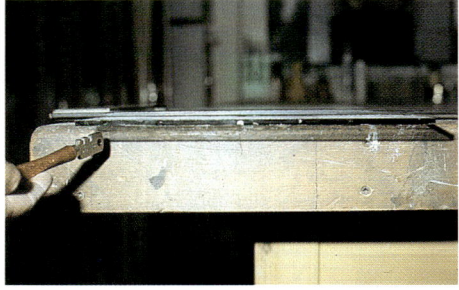

2

3

4

So schneiden Sie einfaches Fensterglas

Im allgemeinen lohnt es sich nicht, das für den Wintergartenbau benötigte Glasmaterial selbst zuzuschneiden. Glas müssen Sie sowieso beim Glaser kaufen, und dort erhalten Sie es nach Ihren Angaben zugeschnitten. Sollten Sie dennoch einmal in die Verlegenheit kommen, Glas schneiden zu müssen, so sollten Sie folgendes vorbereiten:

1. Um Glas schneiden zu können, benötigt man einen Glasschneider und ein Winkellineal, das aber auch durch eine Holzanschlagleiste ersetzt werden kann. Die Glasplatte wird auf einen ebenen Tisch gelegt. Sinnvollerweise breiten Sie aber noch eine dicke Decke oder Pappe darunter aus, um Kratzer an der Scheibe durch Schmutzpartikel zu vermeiden und eventuelle Unebenheiten der Tischplatte auszugleichen.

2. Nun legt man den Winkel als Führungslineal an die vorgesehene Schnittstelle. Beachten Sie dabei, daß der Schneidediamant nicht ganz außen liegt, die Führung also etwas zurückgerückt werden muß. Jetzt führt man den senkrecht zum Anschlag stehenden Glasschneider zügig und ohne abzusetzen von Schnittbeginn zu Schnittende. Wichtig dabei ist, daß Sie gerade so viel Anpreßdruck anwenden, daß die Scheibe über die ganze Schnittlänge mit deutlich hörbarem Knirschen angeritzt wird. Eine gerade Schnittkante kann man nur mit einem gleichmäßigen Schnitt erreichen, der von Rand zu Rand geht.

3. Bevor nun die Scheibe mit einem kurzen Ruck über die Tischkante gebrochen werden kann, sollte man mit dem Glasschneider auf der Gegenseite vorsichtig gegen die Schnittlinie klopfen.

4. Die scharfen Schnittkanten können mit feinem Schmirgelpapier entschärft werden.

Fensterglas im Holzrahmen verkitten

Vor Beginn der Arbeit muß der Rahmen, der die Scheibe aufnehmen soll, sorgfältig von Altkitt oder Glasdrahtresten befreit werden. Das Einpassen der neuen Scheibe darf nicht auf »Knirsch« geschehen, da es sonst bald zum Bruch der Scheibe kommt. Um der Wärmeausdehnung des Glases Rechnung zu tragen, sollte es deshalb so bemessen sein, daß ringsum zum Rahmen etwa 2 mm Luft bleiben. Der weitere Arbeitsverlauf beinhaltet folgende Schritte:

1. Der Fensterrahmenfalz wird ringsum mit Kitt ausgelegt. Dazu drückt man den weichgekneteten Glaserkitt mit dem Daumen leicht an.

2. Nun wird die Scheibe auf das Kittbett gelegt und ebenfalls angedrückt. Hierbei sollte man Fingerspitzengefühl beweisen, da es sonst leicht zum Bruch der Glasscheibe kommen kann. Die Scheibe sollte gleichmäßig auf einer etwa 2 mm dicken Kittschicht liegen. Der herausgequollene Kitt an der Unterseite der Scheibe wird mit einem Kittmesser abgenommen.

3. Nun wird die Scheibe an der noch kittlosen Oberseite mit Glaserstiften (Nägel ohne Köpfe!) fixiert, die im Abstand von etwa 20 cm so weit eingeschlagen werden, daß sie vom späteren Kittbett verdeckt werden, die Scheibe aber noch sicher halten.

4. Im letzten Arbeitsschritt wird der Winkel zwischen Scheibe und Falz nun mit Kitt gefüllt und mit Hilfe des Kittmessers gleichmäßig abgeschrägt.

Ein Tip: An Stelle eines Kittbettes kann die Verglasung auch mit einer Deckleiste vorgenommen werden. Zur Abdichtung kann man dabei auf Schaumstoffstreifen zurückgreifen, die an der Oberkante zwischen Leiste und Scheibe mit Silikon-Dichtungsmasse versiegelt werden.

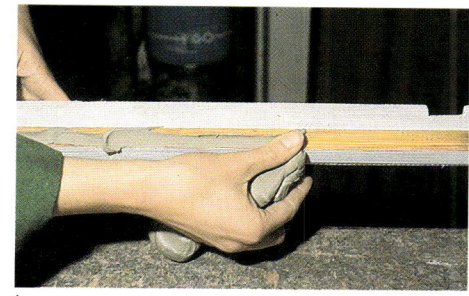

1

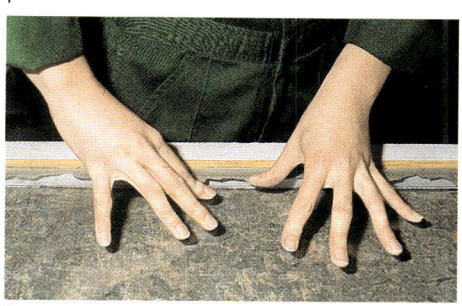

2

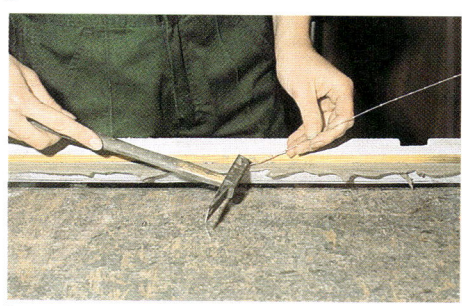

3

4

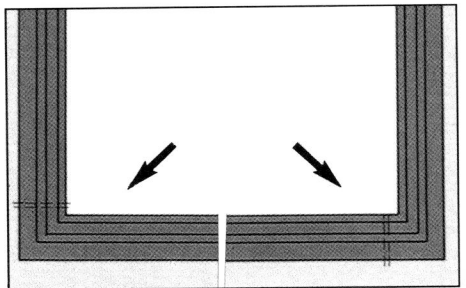

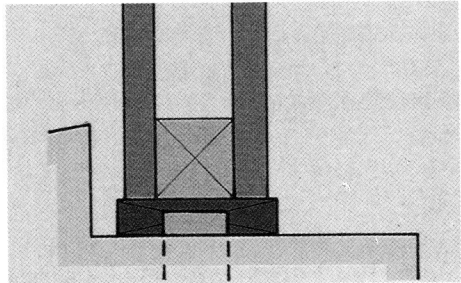

Verbundglas mit Vorlegeband einsetzen

Beim Einsetzen von Mehrscheibenisolierglas sind die Vorschriften der Hersteller zu beachten, um den Anspruch auf Garantieleistungen zu erhalten. Grundsätzlich gilt, daß jede Glaseinheit vor dem Einbau auf sichtbare Fehler zu überprüfen ist. Beschädigte oder fehlerhafte Einheiten dürfen nicht eingesetzt werden. Beim Einbau ist zu gewährleisten, daß Isolierglasverbunde ringsum in Glasfalze gefaßt und mit Glashalteleisten befestigt werden, die im Normalfall raumseitig angeordnet sind.

Im Gegensatz zu normalem Fensterglas wird bei Verglasungssystemen zur Abdichtung niemals Fensterkitt verwendet. Der Fachhandel bietet für diesen Bereich spezielle Dichtstoffe an. Grundsätzlich lassen sich dabei zwei Arten unterscheiden: Vorlegeband und Dichtprofile. Die Vorlegebänder müssen so angeordnet sein, daß sie 5 mm über dem Falzgrund enden, um die Öffnungen für den Dampfdruckausgleich nicht zu verdecken. An ihrer Oberkante muß sich eine mindestens 5 mm hohe Haftfläche für eine dauerelastische Versiegelung (zum Beispiel Silikon-Dichtungsmasse) anbringen lassen. Dichtprofile erfüllen ihre Funktion nur unter gleichmäßigem Anpreßdruck (= Druckverglasung). Dieser kann durch nachstellbare Druckelemente, sich selbst nachstellende Druckelemente oder Profileigendruck erfolgen. Profilstöße und Profilecken müssen durch entsprechende Maßnahmen (Verkleben, Verschweißen) abgedichtet werden.

Im einzelnen sind folgende Vorschriften zu beachten:

1. Die Glasfalze müssen entsprechende Lüftungsöffnungen aufweisen, um den Dampfdruckausgleich im nach oben abgedichteten Falzraum zu ermöglichen. Sie sollen so angeordnet sein, daß im Falzraum ent-

Grundkurse

stehendes Kondensat mühelos nach außen abgeführt werden kann.

2. Verglasungseinheiten müssen unterklotzt werden. Die Klötze sollten mindestens 80 bis 100 mm lang sein und die vollständige Auflage der gesamten Scheibendicke ermöglichen. Der Abstand von den Scheibenecken sollte etwa 100 mm betragen, wobei darauf zu achten ist, daß die Dampfdruckausgleichsöffnungen nicht verdeckt werden. Als Klotzmaterial eignen sich Kunststoffklötze oder Hartholz, das jedoch mit Imprägnierschutz versehen sein muß.

3. Im folgenden ist die Verarbeitung einer Verglasungseinheit im Holzrahmen mit Vorlegebandabdichtung beschrieben: Der Glaseinbau beginnt mit dem Einkleben des Vorlegebandes in den Fensterfalz mit etwa 4 mm Abstand von der oberen Kante. Es dient als Abstandhalter und gibt die Begrenzung für die endgültige Abdichtung auf der Versiegelungsmasse, die das Eindringen von Feuchtigkeit verhindern soll.

4. Verglasungseinheiten dürfen niemals mit der gesamten Kante auf dem Rahmen aufliegen. Hier wird die Glaseinheit zunächst auf zwei Klötze gestellt und dann in den Falz bis zum Vorlegeband gedrückt. Dabei ist zu beachten, daß die mit einem Etikett gekennzeichnete beschichtete Scheibe in der Einheit nach innen gebaut wird. Nur so kann sie viel Sonnenwärme hinein- und nur wenig wieder herauslassen.

5. Unter Zuhilfenahme eines keiligen Spezialwerkzeugs kann nun – falls noch einmal erforderlich – der Standort der Verklotzung den Vorschriften entsprechend nachreguliert werden.

6. Nun werden die exakt gegehrten Fensterleisten eingesetzt und angeschraubt.

7. Die letzte Arbeit ist das Versiegeln und damit das Abdichten und elastische Lagern der Verbundglaseinheit. Zur Anwendung kommt eine spritzbare Versiegelungsmasse auf Silikonbasis, die mindestens 24 Stunden trocknen muß.

8. Der senkrechte Schnitt durch das Fenster zeigt noch einmal die Lage des Vorlegebandes und die abschließende Versiegelung.

5

6

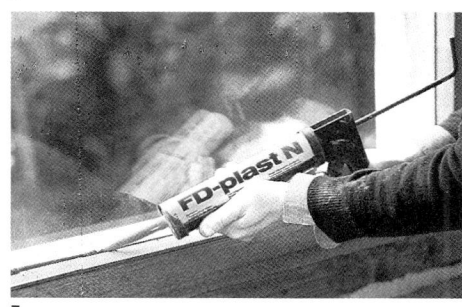

7

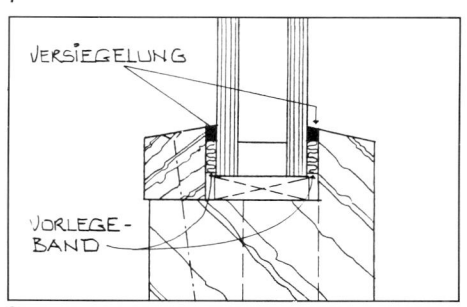

VERSIEGELUNG

VORLEGE-
BAND

8

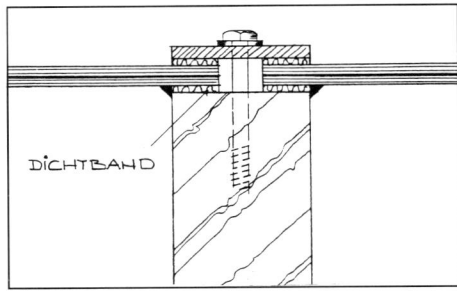

DICHTBAND

1

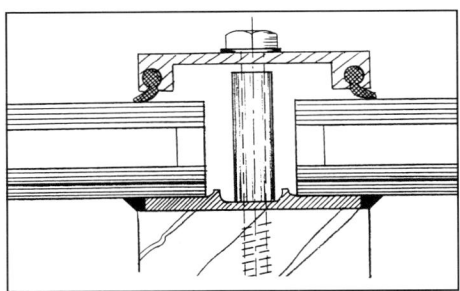

2

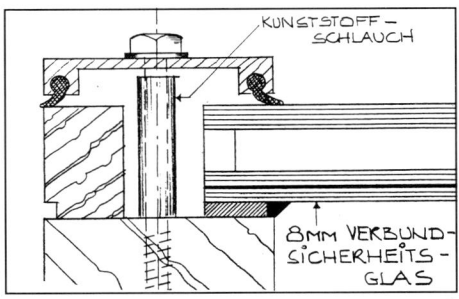

KUNSTSTOFF-SCHLAUCH

8MM VERBUND-SICHERHEITS-GLAS

3

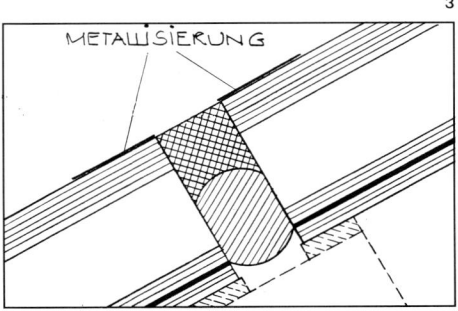

METALLISIERUNG

4

Dachschrägen kann jeder verglasen

Die schwierigste Art der Verglasung ist die Dachverglasung. Hier werden besonders in den Bereichen Lagerung, Dichtung und Befestigung die meisten und schwerwiegendsten Fehler gemacht.

1. Im Gegensatz zur Senkrechtverglasung werden bei der Dachverglasung die Scheiben nicht auf ihren Kanten stehend montiert, sondern sie ruhen liegend auf den Lagersparren.

Eine Unterklotzung fällt in diesem Fall weg, statt dessen übernehmen die Dichtbänder die abstandhaltende Tragefunktion. Beim Aneinanderlegen der Glasplatten ist außerdem genügend Abstand einzuhalten, damit bei Ausdehnung des Glasmaterials unter Wärmeeinfluß keine Spannungen entstehen, die möglicherweise zum Bruch führen könnten.

2. Als Befestigung der Glasplatten dienen Halteleisten, die so angeordnet sind, daß sie den Stoß überdecken. Befestigt werden sie mit Schrauben, die im Sparren verankert sind. Diese Halteleisten dienen neben der Befestigung auch noch der Abdichtung. Das kann entweder ebenfalls mit einem Dichtband oder mit Dichtprofilen bewerkstelligt werden. Wenn Sie ein Dichtband verwenden, muß der Außenbereich mit dauerelastischer Silikon-Dichtungsmasse versiegelt werden.

Außerdem sorgt die Abdeckleiste für die Beschattung der über den Sparren liegenden Glasteile. Da der dunkle Untergrund des Sparrenmaterials zu einer stellenweise erhöhten Aufheizung des Glases durch Sonneneinstrahlung führen würde, käme es zu Verspannungen, die im Extremfall die Scheiben zerspringen ließen. Um diese Schäden zu vermeiden, muß die helle Leiste unbedingt die volle Breite des darunterliegenden Sparrens abdecken.

3. An den Ecksparren ersetzt eine Abstandsleiste die fehlende Glasscheibe, damit das waagrechte Anbringen der Abdeckleiste möglich ist.

4. Isoliergläser für die Dacheindeckung werden nur bis etwa 3 Meter Länge hergestellt. Die Verbindung bei der Verlängerung geschieht am besten mit einer ungefähr 5 mm breiten Fuge aus Silikon-Dichtungsmasse. Die aufliegenden Teile des Verbundglases sind mit einem Aluminiumstreifen überdeckt, damit sich diese Stellen nicht zu stark aufheizen. Auch hier muß der schützende Streifen die darunterliegende Sprosse unbedingt in voller Breite überdecken.

5. Nicht sinnvoll ist es, normale Verbundglasscheiben nach Dachziegelart überlappen zu lassen. Hier ergibt sich das Problem, daß die Scheiben nicht auf allen Kanten gleichmäßig aufliegen. Die Glasindustrie hat zu diesem Zweck sogenanntes Stufenisolierglas entwickelt, bei dem die obere Scheibe einen Überstand als Tropfkante bildet. Für den Einbau schreibt der Hersteller vor, daß der Verbundteil allseitig durchgehend aufgelagert sein muß und durch die Überlappung am Überstand keine Hebelwirkung entstehen darf. Außerdem muß zur Vermeidung von Glas-Glas-Kontakt an der Überlappung eine elastische Zwischenlage angebracht sein.

6. Diese Stufenisoliergläser eignen sich auch als Abschluß an der Traufe, um das sichere Ablaufen von Regenwasser in die Regenrinne zu gewährleisten.

7. Bei normalen Verbundgläsern ist zu beachten, daß sie wegen der unterschiedlichen Temperaturbelastung von innen und außen nicht zu weit über die Traufe hinausragen dürfen.

8. Beim Hauswandanschluß der Dachverglasung ist eine Deckleiste oder ein Deckblech anzubringen, wodurch verhindert werden soll, daß herablaufendes Regenwasser in den Aufnahmefalz der Scheiben eindringen kann. Sinnvollerweise wird diese Abdeckung an der Hauswand befestigt, um bei Wärmeausdehnung des Glases nicht an Dichtigkeit zu verlieren. Die Fuge zwischen Wand und Abdeckkante muß mit elastischer Abdichtmasse (Silikon-Dichtungsmasse) satt ausgefüllt werden.

Grundkurse

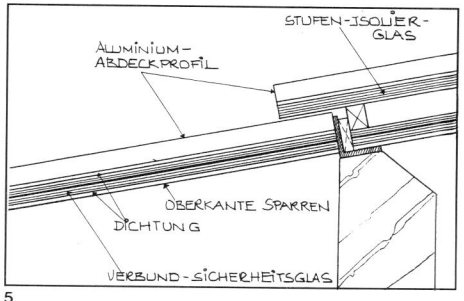

5

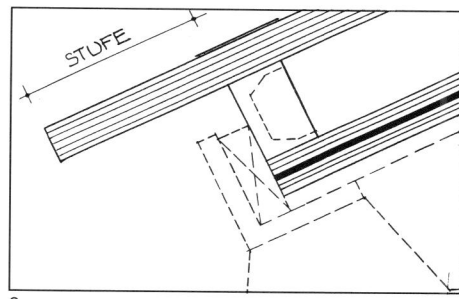

6

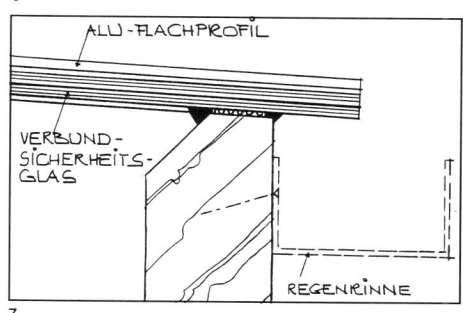

7

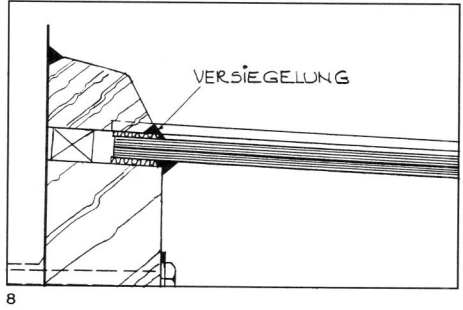

8

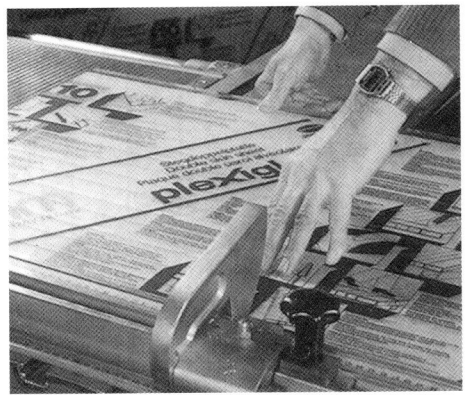

1

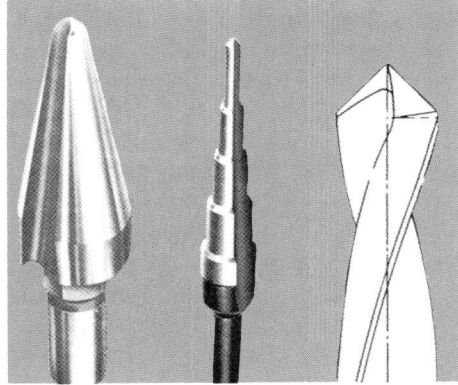

2

3

Plexiglas ist leicht zu bearbeiten

Plexiglas läßt sich mit einer Heimwerkerausrüstung relativ einfach bearbeiten. Um jedoch wirklich saubere Ergebnisse zu erzielen, müssen einige Punkte beachtet werden:

1. Arbeiten an Plexiglasscheiben sollten grundsätzlich nur ausgeführt werden, solange noch die werkseitig angebrachte Schutzfolie vorhanden ist.

Dies gilt besonders für Sägearbeiten, bei denen durch das Führen des Elektrowerkzeugs auf ungeschützten Plexiglasflächen Schleifspuren hervorgerufen werden können, die nicht mehr zu beseitigen sind. Das Anreißen von Trennlinien geschieht am sinnvollsten mit einem Filzstift auf der Schutzfolie. Der Schreibwarenfachhandel hält Filzstifte bereit, die folientauglich sind.

Um Kerbspannungsbruch zu vermeiden, sollte niemals eine Linie mit spitzen Gegenständen (Reißnagel etc.) angezeichnet werden.

2. Im allgemeinen ist es nicht notwendig, Plexiglas zu bohren, da die Montage mit Klemmprofilen geschieht. Sollte es dennoch einmal nötig werden – zum Beispiel beim Vorbohren von Eckaussparungen –, so geschieht das am besten mit Kegelbohrern, Stufenbohrern oder handelsüblichen Spiralbohrern, die mit einem plexiglasgeeigneten Anschliff versehen sind.

3. Für den Zuschnitt eignen sich hochtourige Kreissägen mit ungeschränktem Hartmetall-Vielzahnsägeblatt. Für saubere Schnittkanten ist zu beachten, daß eine einwandfreie Führung vorhanden ist, das Sägeblatt nur wenig über die Platte hinausragt und das Schnittstück am Flattern gehindert wird. Nach dem Sägen kann das Werkstück mit einer Feile entgratet werden. Die in die Hohlräume eingedrungenen Späne blasen Sie mit Druckluft heraus.

So einfach ist die Verglasung mit Plexiglas

Plexiglas ist bei Wintergärtenanbauten sowohl im Fenster- als auch im Dachbereich verwendbar. Während im Fensterbereich meist Einfachscheiben montiert werden können, erfordern die hohen witterungsbedingten Belastungen durch Schnee, Hagel usw. im Dachbereich den Einsatz von stabileren Stegdoppel- und Stegdreifachplatten. Diese werden dort außerdem meist recht großflächig angebracht, um die in diesem Bereich immer wieder auftretenden, schwierigen Abdichtungsprobleme möglichst auf ein Minimum zu reduzieren.

Da Plexiglasplatten aus Kunststoff bestehen, besitzen sie einen hohen Dehn- bzw. Schrumpffaktor, der von der jeweiligen Außentemperatur abhängig ist. Die Größe der Gesamtausdehnung hängt außerdem von der Gesamtfläche ab. Je größer also eine Plexiglasplatte ist, umso größer die Ausdehnung. Dies wirft einige Probleme in der Befestigung und Abdichtung bei der Montage großer Plexiglasplatten auf, die jedoch unter Verwendung speziellen Befestigungs- und Dichtmaterials relativ einfach gelöst werden können.

1.–7. Da Plexiglasplatten wegen ihres temperaturabhängigen Dehnungsverhaltens nach Möglichkeit nicht starr befestigt werden sollten, bieten die Hersteller zur Hilfe bei der Montage zahlreiche

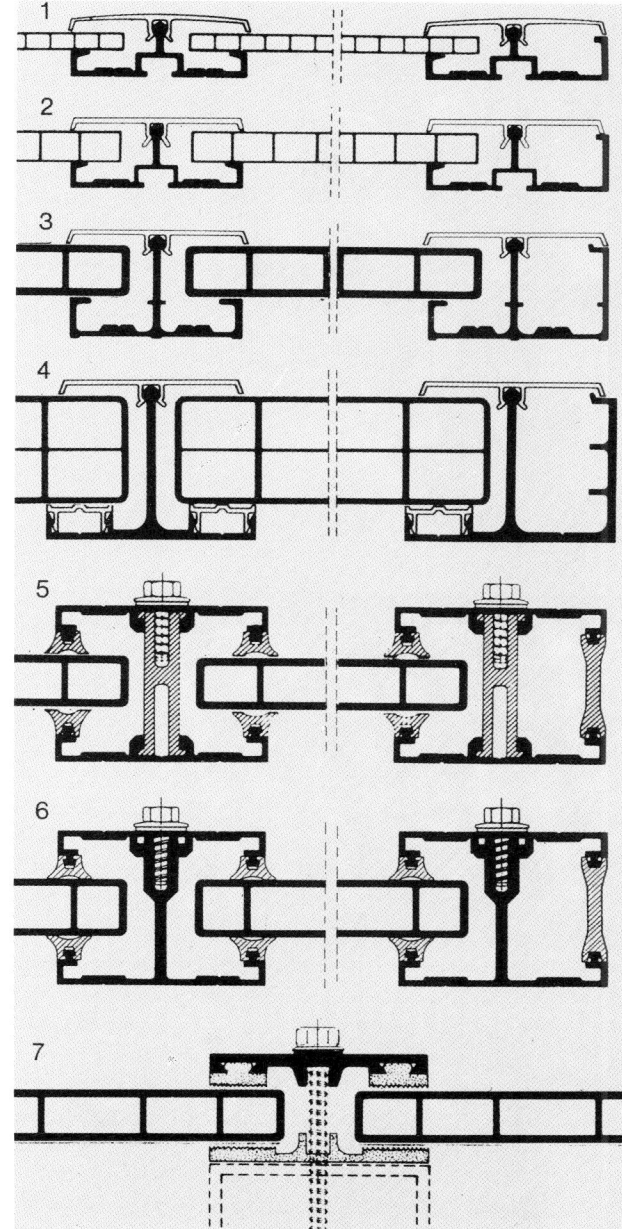

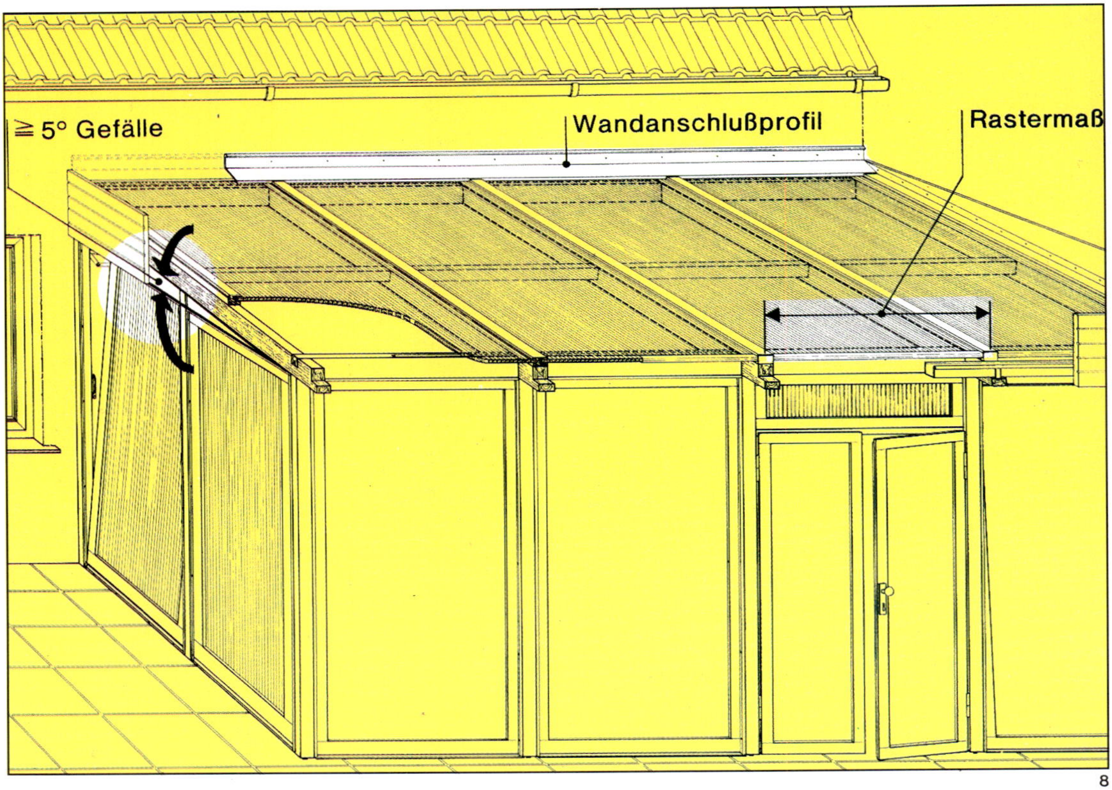

Kritische Punkte beim Verlegen von Plexiglas

≧ 5° Gefälle   Wandanschlußprofil   Rastermaß

8

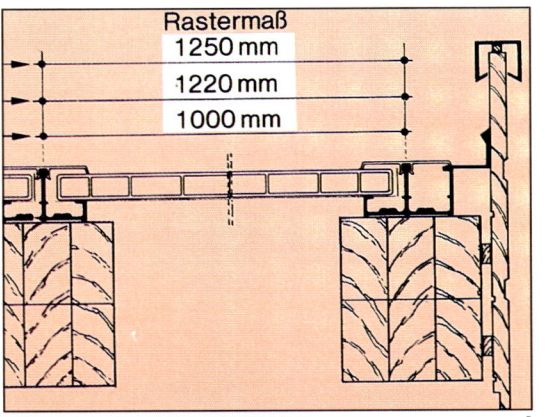

Rastermaß
1250 mm
1220 mm
1000 mm

9

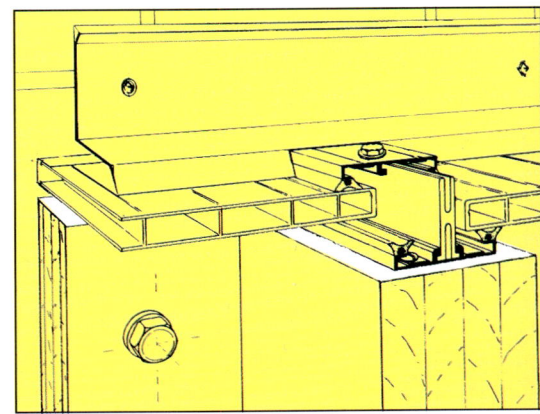

10

Klemmprofile und Befestigungselemente an. Diese sind in jedem Fall sowohl für schräge als auch für waagrechte Verglasungen verwendbar.

1 = Profilsprosse 6
2 = Profilsprosse 10
3 = Profilsprosse 16
4 = Profilsprosse 32
5 = Thermoprofilsprosse 16
6 = Aluprofil 16
7 = Universal-Klemmset

8. Bei der Verglasung von Wintergartenanbauten sind einige kritische Details zu beachten, deren Lage Sie hier in der Übersichtszeichnung auf Seite 46 erkennen können.

So ist beispielsweise bei der Stegplattenverlegung zu beachten, daß die Stegrichtung gleich der Gefällerichtung ist, um das Ablaufen von Kondenswasser zu ermöglichen. Außerdem muß die Dachneigung nach Herstellervorschrift mindestens 5 Grad (9 cm Gefälle auf 1 m Plattenlänge) betragen, damit das Regenwasser ungehindert ablaufen kann und die Selbstreinigung der Plexiglasoberfläche nicht beeinträchtigt wird. Die Beachtung dieser Vorschriften erleichtert Ihnen später die Pflege der gläsernen Außenhaut Ihres Wintergartens erheblich.

9. Bereits bei der Planung der Unterkonstruktion sollte bedacht werden, daß Plexiglasplatten in verschiedenen Rastermaßen geliefert werden. Berücksichtigen Sie dies bei der Planung der Konstruktion. Das erspart zusätzliche, möglicherweise aufwendige und damit teure Schneidearbeiten. Zudem birgt das Schneiden die Gefahr, daß Sie die Plexiglasplatten verkratzen.

10. Um das Eindringen von herablaufendem Regenwasser zu verhindern, sollte besonderer Wert auf ein gut dichtendes Wandanschlußprofil gelegt werden. Es ist an der Hausmauer zu befestigen und dort an der Anschlußkante mit Silikon-Dichtungsmasse zu versiegeln. Außerdem ist die Sparrenauflagefläche hell zu gestalten, um stellenweisen Hitzestau durch zu stark einwirkende Sonnenstrahlung in den heißen Sommermonaten zu vermeiden.

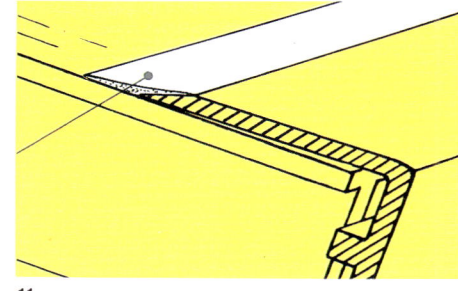

11

12

13

14

Grundkurse

15

16

17

18

11. Wo Plexiglasplatten mit Abrutschsicherungsprofilen versehen werden müssen, bedarf es an der Profiloberkante einer ausgleichenden Versiegelung, um den Wasserablauf zu gewährleisten.

Da Plexiglas ein Kunststoffprodukt ist, muß bei der Abdichtung unbedingt auf werkstoffverträgliche Dichtmaterialien geachtet werden. Zur Abdichtung geeignet sind beispielsweise Silikonkautschuke. Fragen Sie aber auf jeden Fall Ihren Plattenlieferanten – das ist billiger als das Austauschen unsachgemäß behandelter Plexiglaselemente.

12. Bei einer Dachverglasung mit Plexiglasplatten müssen die dunklen Dachsparren mit hellen Trageleisten versehen werden, die als Auflage für die Plexiglasscheiben dienen sollen.

13. Die Leisten werden mit Silikon-Dichtungsmasse bestrichen, die die Bildung von Schwitzwasser zwischen dem Holz und dem darüberliegenden Dichtband unterbinden soll.

14. Nun wird das Dichtband mit einem Tacker angeklammert, um das Verrutschen der Dichtung bei der Montage der Plexiglasplatten zu verhindern.

15. Platte für Platte wird aufgelegt und in der Mitte der Stoßfugen mit Halteschrauben befestigt, an deren Kopf sich die Halteplättchen befinden.

Diese sehr einfache Art der Befestigung eignet sich nur für Dachabdeckungen mit geringen Ausmaßen und mit nur leichter Neigung.

16. Die Dehnfuge wird mit Silikon-Dichtungsmasse versiegelt, wobei die Ränder der beiden Plattenflächen mit einer selbstklebenden, etwa 10 cm breiten Schutzfolie abgedeckt sind.

17. Überstehende Dichtungsmasse wird mit einer Spachtel gleichmäßig abgezogen. Achten Sie dabei darauf, daß keine Undichtigkeiten entstehen. Danach muß die Schutzfolie sofort entfernt werden.

18. Alternativ zur Befestigung mit Halteplättchen könnte auch eine Abdeckleiste benutzt werden, an deren Unterseite ein Dichtband angeklammert ist. Sinnvollerweise bohrt man schon die Löcher für die Schrauben, bevor die Plexiglasplatten aufgelegt werden.

Den Fußboden verfliesen

Der geeignete Bodenbelag für Wintergärten wird in den meisten Fällen aus Fliesenplatten bestehen. Bei der Auswahl der Farbe sollten Sie bedenken, daß helle Fliesen einstrahlende Sonnenenergie reflektieren, während dunkle Fliesen sie aufnehmen und in der kühleren Nachtzeit als wohltuende Wärmestrahlung wieder abgeben.

Die Auswahl des Verlegemusters bleibt Ihrem persönlichen Geschmack überlassen. Nachdem Sie sich für Farbe und Muster entschieden haben, sind folgende Arbeitsschritte durchzuführen: Zuerst wird der nach Herstellervorschrift angerührte Fliesenklebstoff mit der Zahnkelle gleichmäßig auf den zuvor staubfrei gereinigten, ebenen Untergrund aufgetragen. Mit dieser Arbeit beginnen Sie zweckmäßigerweise in der Ecke des Raumes, die dem Eingang diagonal gegenüberliegt.

1. Legen Sie nun die ersten Fliesen entsprechend dem von Ihnen gewählten Muster in das Klebstoffbett und drücken Sie sie vorsichtig ein. Bei schwererem Fliesenmaterial können Sie auch einen Gummihammer zum Einklopfen verwenden.

2. Mit einem Zollstock messen Sie jetzt den Abstand zwischen Wand und Fliesenaußenkante der ersten Musterbahn und spannen eine Richtschnur parallel zur Wand.

3. An der Richtschnur entlang verlegen Sie jetzt jeweils zuerst die äußeren Fliesen und dann die inneren. Achten Sie auf gleichmäßige Fugen.

4. Auf diese Art gehen Sie Bahn für Bahn vor, bis der Raum vollkommen ausgelegt ist. Nach zwei Tagen Trockenzeit können Sie dann den Belag mit Fugenmörtel ausfugen und die Rand- und Dehnungsfugen mit dauerelastischer Silikon-Dichtungsmasse versiegeln.

Grundkurse

1

2

3

4

1

2

3

So bringen Sie Estriche auf

Wenn Sie Ihren Wintergarten nicht als Ausbau der bisher schon genutzten Terrasse oder des Balkons planen, wird es meist notwendig sein, einen Estrich auf einem Betonuntergrund aufzubringen. Dazu müssen Sie folgendermaßen vorgehen:

1. Eine frische Mischung Zementmörtel (1 Teil Zement, 3 Teile mittelfeiner Sand) wird auf den mit Dämmstoffen (Plastikfolie, Dachpappe, trittfestem Polystyrol) ausgelegten Boden aufgebracht. Zur Herstellung eines schwimmenden Estrichs muß darauf geachtet werden, daß der aufgebrachte Zementmörtel weder zum Boden noch zu den Wänden direkten Kontakt bekommt. Nur so können Schallbrücken vermieden werden, die Trittschall übertragen. Am bequemsten schafft man den Frischmörtel mit einer Mörtelpumpe ins Haus. Diese Pumpe wird leider dem Heimwerker nicht immer zur Verfügung stehen.

2. Mit einer Schaufel wird nun der Mörtel gleichmäßig im Raum verteilt und grob eingeebnet. Wichtig dabei ist, daß Sie den Mörtel möglichst fest einstampfen.

3. Für die genauere Einebnung benutzen Sie eine Abziehlatte, die mit drehenden Bewegungen über die Mörtelfläche gezogen wird. Auf diese Weise werden die Erhöhungen abgehobelt und vorhandene Tiefen aufgefüllt. Am besten versieht man die Abziehlatte mit einer Wasserwaage. So wird gewährleistet, daß der Boden später auch waagrecht ist.

4. Das Abziehen mit der Latte sollte so oft über derselben Fläche geschehen, bis diese sichtbar geglättet ist. Späteres Nacharbeiten ist schwierig.

5. Im nächsten Schritt beginnt man, die abgezogene Fläche mit einem großen Reibebrett zu bearbeiten. Es dient dazu, die Fläche des Estrichs weiter zu verdich-

4

ten, zu glätten und eventuell noch vorhandene Luftneste zu schließen. Um Bodenwellen zu vermeiden, sollte das Reibebrett in großflächigen Kreisbewegungen geführt werden. Für den weiteren Fortgang der Arbeiten ist zu bedenken, daß bearbeitete Flächen nicht mehr begangen werden können. Es ist deshalb sinnvoll, Teilfläche für Teilfläche – beginnend an der dem Ausgang abgewandten Seite – vollständig zu bearbeiten.

6. Für die letzte Feinglättung benutzt man den Stahlglätter. Führen Sie diesen jedoch nur mit leichtem Druck über die Betonfläche und achten Sie darauf, daß er nur mit der Kante – niemals mit der ganzen Fläche – angelegt wird.

Mit dieser letzten Arbeit schließen Sie noch vorhandene Feinporen und beseitigen Riefen an den Wandanschlüssen. Der frische Estrich muß nun mindestens drei Tage austrocknen. In dieser Zeit darf er auf keinen Fall betreten werden.

7. Sollte Ihr erster Versuch noch nicht zu einem optimalen Ergebnis geführt haben oder wollen Sie einen bereits vorhandenen, nicht ganz ebenen Estrich ausgleichen, so bietet der Handel hierfür spezielle Ausgleichsmassen an.

Diese Ausgleichsmassen bestehen aus einer bereits fertigen Mischung, die laut Gebrauchsanleitung nur noch mit entsprechender Wassermenge versetzt und intensiv verrührt werden muß. Dabei sollte dem ersten Durchrühren nach einer etwa fünfminütigen Ruhezeit ein zweiter Rührdurchgang folgen.

Als Rührwerkzeug eignen sich die üblichen Flügelrührer, die als Bohrmaschineneinsätze erhältlich sind. Zur Verarbeitung wird die besonders flüssige Masse dann in einzelnen Bahnen auf den vorher von losem Schmutz befreiten Estrich ausgegossen und verläuft dann von allein.

8. Die Verteilung des selbstverlaufenden Materials wird mit dem Glätter nur leicht unterstützt. Die Schichtstärke sollte 2 mm bis maximal 10 mm betragen. Das Austrocknen der selbstverlaufenden Ausgleichsmasse dauert etwa zwei Tage. In dieser Zeit darf der Boden nicht betreten werden.

5

6

7

8

Grundkurse

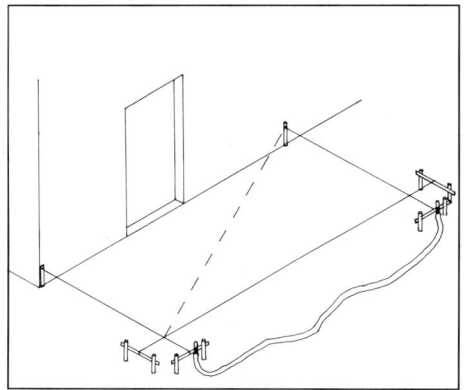

1

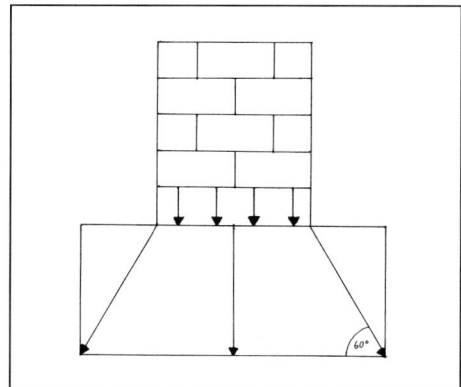

2

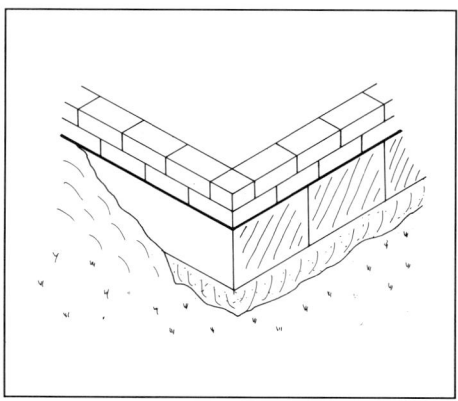

3

Selbst das richtige Fundament bauen

Die Basis einer dauerhaften Wintergartenkonstruktion ist ein solides Fundament. Es nimmt den Druck des Bauwerks auf und verteilt ihn gleichmäßig. Damit diese Funktion erfüllt werden kann, müssen folgende Punkte beachtet werden:

● Es dürfen nur feuchtigkeitsbeständige und druckfeste Baustoffe verwendet werden.
● Die Sohle des Fundaments sollte mindestens 80 bis 100 mm tief liegen, um frostfrei zu bleiben.
● Die Dicke des Fundaments sollte 30 cm nicht unterschreiten.

Für die Art des Fundaments kann man wählen zwischen Streifen-, Stützen- und Punktfundamenten.

1. Am stabilsten ist ein durchgehendes Streifenfundament, auf das ein kleiner Sockel gemauert ist. Zu seiner Herstellung muß zuerst die Außenabmessung des Wintergartenanbaus festgelegt werden. Dies geschieht mit einem Schnurgerüst, das Sie mit Hilfe von Holzpflöcken errichten. Sie werden etwa 1 m vom späteren Graben entfernt eingeschlagen. Um ein waagrechtes Spannen der Schnur zu gewährleisten, sollten Sie eine Schlauchwaage benutzen.

Die Rechtwinkligkeit überprüfen Sie mit einer diagonal gespannten Schnur. Deren Länge muß sich aus der Breite und der Länge des Anbaus nach folgender Formel ergeben: Wurzel aus Länge im Quadrat plus Breite im Quadrat. Ihr Taschenrechner wird Ihnen hier sicher gute Dienste leisten.

2. Nun können Sie den Fundamentgraben ausheben. Achten Sie unbedingt darauf, daß die Grabenwände senkrecht abgestochen werden. Unten schmäler werdende Fundamentgräben würden die Standsicherheit des späteren Oberbaus gefährden. Da sich der von der

Wand übertragene Druck unter einem Winkel von etwa 60 Grad ausbreitet, könnte es zu Rissen im Fundament kommen.

3. Nachdem Sie nun den Fundamentgraben mindestens 80 cm tief ausgehoben haben, können Sie den Frischbeton einbringen und tüchtig feststampfen. Eine weitere Möglichkeit wäre auch das Errichten einer Fundamentmauer mit Betonfundamentsteinen.

Bei beiden Ausführungen sollten Sie sich überlegen, ob eine Wärmeisolierung mit Dämmplatten an den Seiten des Fundaments anzubringen ist. Für winterfeste Glasanbauten ist dies unbedingt zu empfehlen, um Kältebrücken im Bodenbereich zu vermeiden und damit später Heizkosten zu senken.

Bei der Ausführung des Fundaments mit Stampfbeton können entsprechende Dämmplatten gleichzeitig als Einfachverschalung genutzt werden.

4. Nach der Austrocknung des eingebrachten Bodenfundaments wird der noch vorhandene Teil des Grabens wieder zugeschüttet und auf der Fundamentoberfläche eine Sperrschicht aus Dachpappe aufgebracht. Diese verhindert, daß Feuchtigkeit in den darüberliegenden Sockel aufsteigen kann. Wie hoch der Mauersockel aus Ziegelstein oder anderem Material werden soll, hängt von Ihrem Geschmack ab. Seine Funktion besteht in erster Linie darin, das daraufliegende Rahmenmaterial des Wintergartens vor Bodenfeuchtigkeit zu schützen.

5. Bei weniger aufwendigen Wintergartenanbauten kann wegen des geringeren Gewichts auf ein Streifenfundament verzichtet werden. Statt dessen genügt es, die senkrecht stehenden Rahmenteile mit einem Fundamentsockel zu versehen. Dies geschieht am einfachsten mit Hilfe eines Eimerfundaments, wie es in der Arbeitsanleitung zum Bau einer Glasveranda (S. 58) beschrieben wird. Wie die Abbildung zeigt, können Pfosten direkt in das Eimerfundament eingesetzt werden.

6. Etwas anspruchsvoller, aber im Prinzip gleich, ist die Anfertigung der Sockelelemente mit eingesetzten Balkenschuhen. Sie werden dann an den Stellen der späteren Stützpfeiler im Erdboden versenkt.

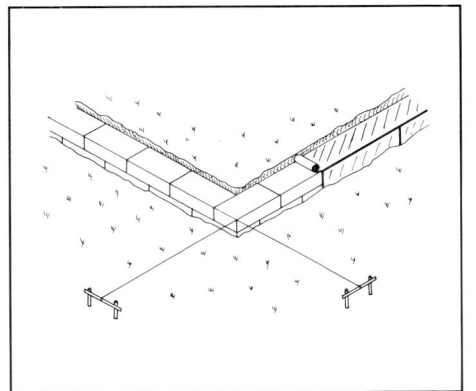

4

5

6

Grundkurse

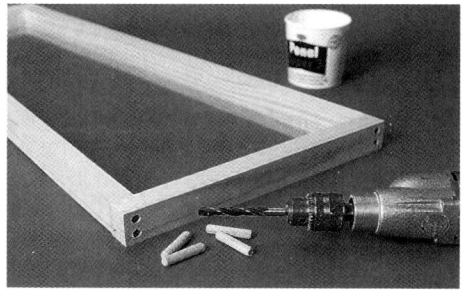

1

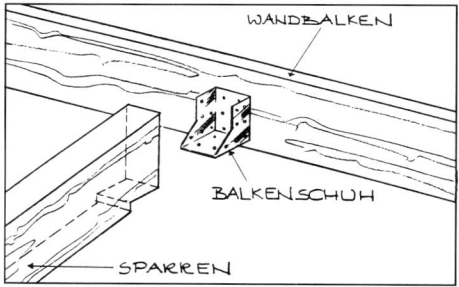

2

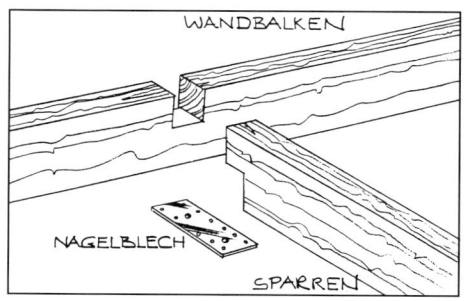

3

4

Haltbare Holzverbindungen

Es gibt zahlreiche Möglichkeiten, Holzverbindungen herzustellen. Alle aufzuzählen und ausführlich zu besprechen, erforderte ein eigenes Buch. Dargestellt werden hier Holzverbindungsarten, die im Glashaus- und Wintergartenanbau von Belang sind und die Sie selbst leicht herstellen können.

1. Die einfachste Art, zwei Holzteile zu verbinden, ist die stumpfe Verbindung. Dabei genügt es, lediglich an den beiden Stoßkanten eine gerade Schnittfläche herzustellen und die Teile in einem rechten Winkel zusammenzufügen. Verbunden werden kann mittels Holzdübel, wobei es sinnvoll ist, die Verbindung noch zusätzlich durch Leimen zu verstärken. Grundsätzlich gilt, daß so geschaffene Verbindungen nicht sehr widerstandsfähig sind.

Wollen Sie sicherstellen, daß eine stumpfe Verbindung haltbarer wird, bohren Sie lediglich für die Größe von Holzschrauben vor. Um die beiden Holzteile zu verschrauben, verwenden Sie dann Senkkopfschrauben. So stellen Sie sicher, daß keine Erhebungen über die Holzfläche entstehen und eventuell ein Tür- oder Fensterrahmen in die Gerüstkonstruktion leicht eingepaßt werden kann.

2. Eine entscheidende Verbesserung der Haltbarkeit kann erreicht werden, wenn die Verbindungen durch Anbringen von Balkenschuhen hergestellt werden. Durch diese ist eine Festigkeit gewährleistet, die diese handwerklich einfach zu erstellende Verbindungsart auch für Konstruktionsteile mit höherer Beanspruchung (Balkengerüste u. ä.) geeignet macht.

3. Für Anschlüsse von stark beanspruchten Streben, wie wir sie im Dachbereich bei den Sparren vorfinden können, verbindet der Zimmermann Holzteile durch sogenannte Versatzungen. Sie dienen dazu, auftretende Schubkräfte, die durch die Dachneigung bedingt sind, wirkungsvoll abzufangen.

Dazu werden der auf dem Wandbalken aufliegende Sparrenbereich und der Wandbalken mit Hilfe eines Stemmeisens so weit ausgekerbt, daß eine Stufe im Winterbalkon beziehungsweise eine Kerbe im Sparren entsteht. Die Verbindung wird dann von einem Nagelblech gehalten.

4. Hier ist zu sehen, wie eine sichere Befestigung durch Nageln erfolgen muß. Die Nagellänge sollte das Zwei- bis Dreifache der Dicke des zu befestigenden Werkstückes betragen. Um sicheren Halt zu gewährleisten, muß das dünnere Material an das dickere genagelt werden.

5. Bei T-Verbindungen ist das senkrechte Holzstück an das waagrechte anzunageln. Beim Nageln verhindert eine angeklemmte Anschlagleiste das Verrutschen, so daß die Verbindung hält.

6. Bei stumpfen Holzverbindungen sollten zwei schräg zueinander stehende Nagelreihen eingeschlagen werden. Dies verhindert ein Verwinden der zusammengefügten Teile bei Belastung.

7. Oft kommt es vor, daß Sie manche Teile nicht mehr auf eine feste Unterlage legen können, weil diese schon auf irgendeine Art fixiert sind. Wenn Sie nun die Verbindung nageln wollen, werden die einzelnen Teile sehr stark federn.

Ein Nagel ist so kaum in das Holz zu treiben. Stemmen Sie deshalb einen festen Holzblock gegen die zu verbindenden Teile. So schaffen Sie genügend Widerstand und Sie kommen wesentlich schneller voran.

8. Möglicherweise sind Sie im Umgang mit Nagel und Hammer noch nicht so geschickt. Sie laufen dann immer wieder Gefahr, mit dem Hammer den eigenen Finger zu treffen. Oft ist auch der verwendete Nagel so kurz, daß ein vernünftiges und sicheres Halten nicht möglich ist. Stecken Sie den Nagel durch ein Stück kräftiger Pappe. So können Sie gefahrlos den Nagel in der richtigen Position halten und sicher mit dem Hammer den Nagel treffen.

5

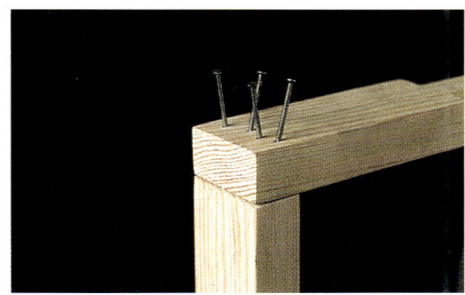
6

7

8

1

2

Metall muß entrostet werden

Die vom Heimwerker üblicherweise angewandte Handentrostung mit Drahtbürste oder Schleifpapier ist meist sehr zeitaufwendig und mühsam und birgt deshalb bei umfangreicheren Arbeiten die Gefahr, daß die Metalloberfläche nicht gründlich genug gesäubert wird.

1. Auch die für Bohrmaschinen üblichen Drahtbürstenaufsätze haben meist nur eine unzulängliche Tiefenwirkung und verursachen dazu eine unvorteilhafte Oberflächenglättung. Diese kann die Haftung des Grundanstrichs vermindern.

2. Durchaus gute Ergebnisse in der Oberflächenbehandlung erzielt man mit den heute überall erhältlichen Handwinkelschleifgeräten (Flex) unter Verwendung von Metallschrubscheiben. Der Nachteil in der Handhabung besteht allerdings darin, daß die Scheiben nur eine geringe Auflagefläche besitzen und die Entrostung größerer Metallflächen doch einige Zeit in Anspruch nimmt.

3. Zügiger schreitet die Arbeit voran, wenn man den Rost mit einem breitdüsigen Flammstrahlbrenner abbrennt und anschließend mit einer Stahlbürste die Oberfläche nacharbeitet. Die dazu benötigte Propangasflasche kann für wenig Geld bei Industriegasfirmen ausgeliehen werden. Sowohl für die Arbeit mit dem Winkelschleifer als auch für das Abflammen müssen die Arbeitsschutzverordnungen (Brille) beachtet werden.

Bei metallisch blanker Entrostung kann schon normale Luftfeuchtigkeit zu neuer Rostbildung führen. Deshalb gilt: Nach allen Entrostungsarbeiten sollte das behandelte Metall zum Schutz gegen Feuchtigkeit sofort mit zwei Grundanstrichen versehen werden. Diese sollten mit Pinselauftrag erfolgen. Die beiden Deckanstriche können – besonders bei großen Bauteilen – auch im Spritzverfahren aufgebracht werden.

3

Eisenkonstruktionen geben dem Gewächshaus einen robusten Charakter

1

2

Die Glasveranda mit einem Holzrahmen

Material

Millimeterpapier, Zement, Kies, kesseldruckimprägniertes Holz, Glas, Stegdoppelplexiglasplatten, Winkeleisen, Fenster- und Türbeschläge, Holzleim, Schrauben, Nägel, Dichtungs- und Holzschutzmittel, Balkenschuhe, Kitt, Vorlegeband.

Werkzeug

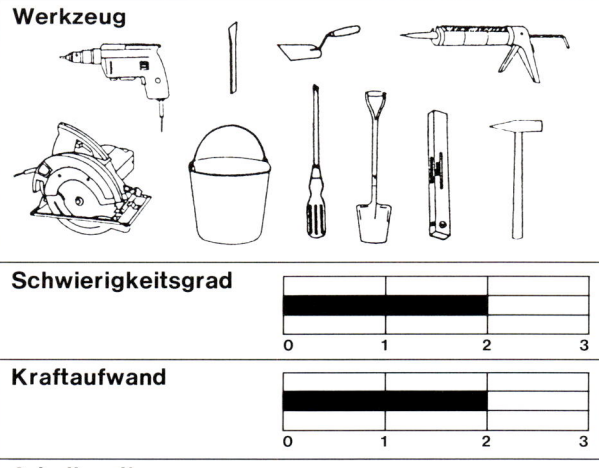

Schwierigkeitsgrad			
0	1	2	3

Kraftaufwand			
0	1	2	3

Arbeitszeit

Je nach erforderlichen Vorarbeiten benötigen Sie 40 bis 80 Stunden.

Ersparnis

Mit Ihrer Eigenleistung können Sie 2000 bis 3000 DM einsparen.

Wollen Sie eine Glasveranda aus einem Fertigsystem professioneller Anbieter erstellen, müssen Sie damit rechnen, daß ein von der Norm abweichender Grundriß höhere Kosten verursacht. So ein Anbau ließe sich mit einem System nur aufwendig durch zusätzliche Teile realisieren. Oft bleibt also nur der Eigenbau erschwinglich.

Arbeitsanleitung

1. Als Baumaterial wird am besten gehobeltes Fichtenholz gewählt, weil es in vielen Querschnitten und Standardlängen lieferbar ist. Zudem läßt es sich leicht handhaben und auch relativ einfach bearbeiten.

Für Holzkonstruktionen, die durch die direkte Berührung mit dem Erdboden im besonderen Maße Schädlings- und Witterungseinflüssen ausgesetzt sind, ist die Verwendung von kesseldruckimprägniertem Holz unabdingbar. Durch die Spezialbehandlung besitzt es eine längere Lebensdauer als Holz, das nur mit Holzschutz gestrichen wurde. Außerdem verziehen sich die kesseldruckimprägnierten Werkstücke nach der Behandlung kaum mehr, was im Hinblick auf die Verglasung eine wichtige Rolle spielt.

2. Zur Verglasung werden verschiedene Materialien herangezogen. Während bei den Fensterflächen normales Fensterglas verwendet wird, eignen sich zur Dachverglasung am besten Plexiglasplatten. Diese haben wegen ihres geringen Gewichts einerseits den Vorteil, daß aufwendige statische Berechnungen für die Unterkonstruktion entfallen und andererseits sich ihre Montage erheblich einfacher gestaltet. Hinzu kommt, daß bei der Verwendung von Glas in diesem Bereich auf

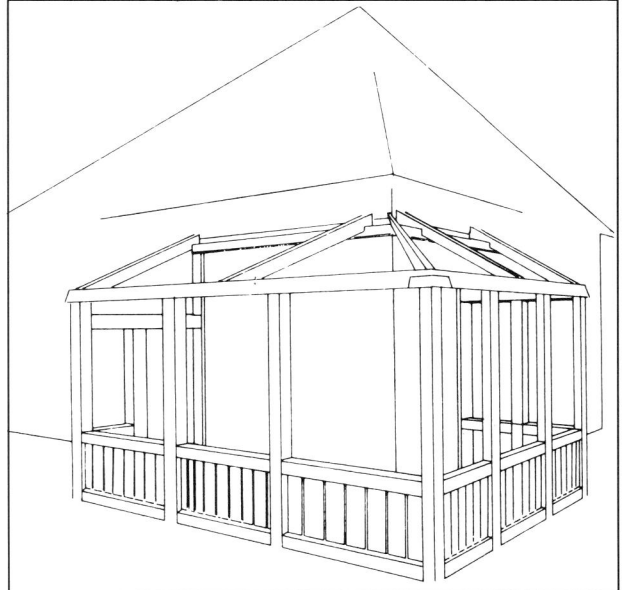

3

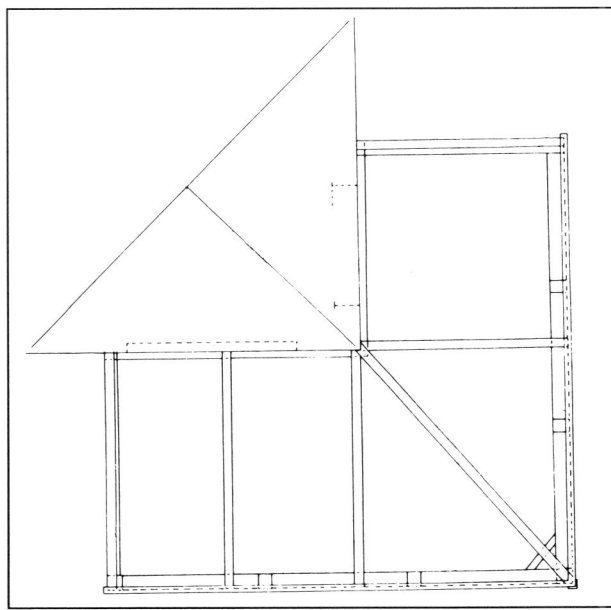

4

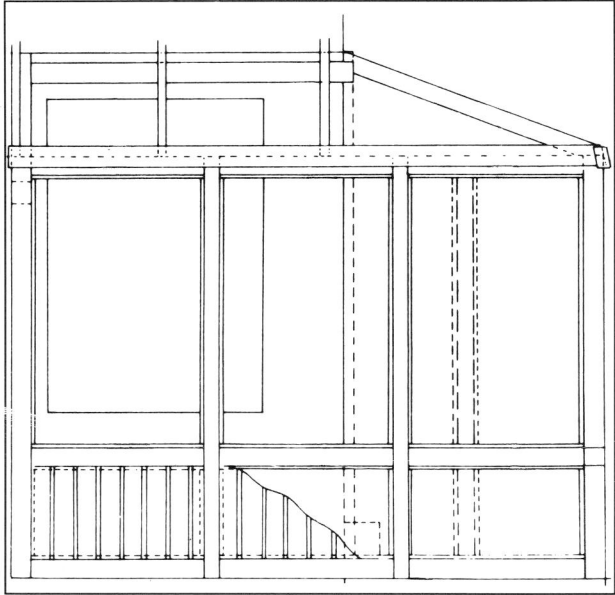

5

6

bruch- und splitterfreie Spezialgläser zurückgegriffen werden müßte, die erheblich teurer wären.

3. Nachdem die Entscheidung für die zur Verwendung kommenden Materialien gefallen ist, sollte auch noch eine Ansichtszeichnung des geplanten Anbaus angefertigt werden.

Maße müssen daraus zwar noch nicht zu entnehmen sein, aber sie sollte einen ersten Überblick über das Bauwerk geben und zur Konkretisierung der eigenen Vorstellung dienen. Darüber hinaus hilft sie bei Beratungsgesprächen mit dem Verkaufspersonal Ihrer Materialhandlung, wenn es beispielsweise um die Frage der Dimensionierung der benötigten Holzteile geht.

4. Steht die endgültige Form des Anbaus fest, geht es im nächsten Schritt darum, den Materialbedarf für die Rahmenkonstruktion zu ermitteln. Dazu fertigen Sie zunächst eine maßstabsgetreue Grundrißzeichnung auf Millimeterpapier oder kariertem Papier an und tragen in die Zeichnung die wichtigsten Abmessungen der Balkenkonstruktion ein.

Um für die Materialberechnung aufwendige Umrechnungsaktionen zu vermeiden, wählen Sie am besten den Maßstab 1:10, bei dem 1 cm auf dem Papier gleich 10 cm in der Wirklichkeit sind. Falls das vorhandene Papierformat nicht ausreicht, kleben Sie einfach mehrere Blätter zusammen.

5. Nach der Grundrißzeichnung folgen dann die Zeichnungen der verschiedenen Ansichten der Balkenkonstruktion. Hier sollten natürlich auch die schrägen Dachsparren eingezeichnet werden.

Bei Vorderansichten ist wegen der zeichnungsbedingten Perspektive die notwendige exakte Maßentnahme bei schrägen Konstruktionsteilen nicht immer möglich.

Für den Anfänger ist es vielleicht vorteilhafter, die schrägen Balken der Dachkonstruktion nach Fertigstellung der Unterkonstruktion direkt am Bau in die richtige Lage zu bringen und dort die benötigten Längenmaße anzureißen. Die Fehlerquote kann so wesentlich verringert oder vollkommen ausgeschaltet werden. Sie haben dann weniger Verschnitt.

6. Nachdem dann nach Anfertigung der maßstabsgetreuen Bauzeichnungen die Maße für die verschiedenen Holzkonstruktionsteile entnommen und beim Händler das Material bestellt wurde, beginnen nun die eigentlichen Arbeiten.

Zunächst müssen die später von der Holzkonstruktion umrahmten Bodenflächen begradigt und die Vertiefungen zur Aufnahme der Eimerfundamente gegraben werden. Um die Ebenheit der Auflageflächen für die Bodenbalken mit einer Wasserwaage zuverlässig ausloten zu können, sollte eine Aluminiummeßlatte benutzt werden, die über die ganze Länge der zu messenden Strecke reicht. Zur Not kann auch auf eine Holzlatte zurückgegriffen werden, deren Kante zuvor auf Geradlinigkeit überprüft wurde.

Jetzt werden die Eimerfundamente dort eingesetzt, wo später die senkrechten Stützen stehen werden. Zu empfehlen ist auf jeden Fall insgesamt etwa 80 cm tief auszuschachten, um eine frostsichere Basis für das Bauwerk zu bekommen.

7. Ein Eimerfundament ist leicht herzustellen. In einem unten ausgeschnittenen Eimer, der in den Boden eingelassen wird, füllt man Betonmasse, wie sie bereits in fertigen Mischungen vom Bauhandel angeboten wird. Diese stampft man fest und streicht sie dann am Eimerrand glatt.

In den noch frischen Beton werden jetzt die Balkenschuhe eingesetzt, wobei darauf zu achten ist, daß alle Balkenschuhe gleich tief eingedrückt werden.

8. Die Balkenschuhe haben zur Verankerung im Beton nach unten reichende Eisen und sind aus feuerverzink-

7

8

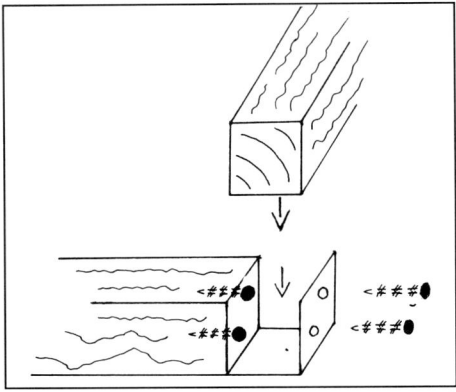

9

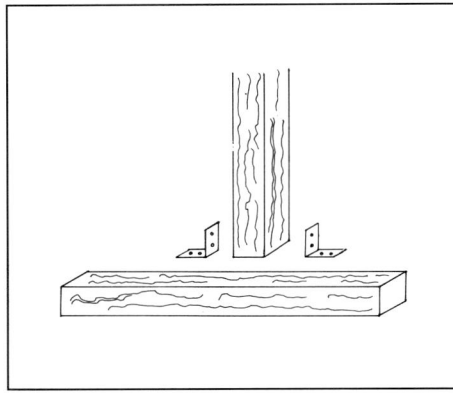

10

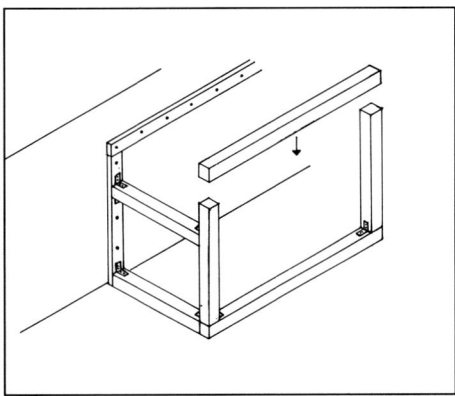

11

tem Stahl. Die U-Form dient zur Aufnahme der Grundschwellen, die durch die Seitenbohrungen mit rostfreien Holzschrauben arretiert werden.

9. Bei der Reihenfolge der Montage ist zu beachten, daß die Schwellen, deren Schnittflächen parallel zu den Schenkeln stehen, zuerst von innen mit flachen Senkkopfschrauben befestigt werden. Erst dann können Sie die anderen Schwellen in die U-Halterung einlegen und verschrauben.

10. Von den Grundschwellen ausgehend werden nun die senkrechten Konstruktionselemente montiert. Für dauerhaften Halt werden zur Verbindung der einzelnen Holzteile feuerverzinkte Winkeleisen, auch Nagelbleche genannt, verwendet. Diese gibt es passend zu allen Kantholzstärken in mehreren Größen fast in jedem Baumarkt.

Für die Verankerung der einzelnen Konstruktionsteile ist es sinnvoll, jeweils an beiden Seiten der Balken Winkel anzubringen. Dies dient der Stabilität und hilft bei der lotrechten Montage.

11. Für die Reihenfolge der Montage gilt, daß es sinnvoll ist, zuerst sowohl die waagrechten als auch die senkrechten Hausanschlußbretter an der Außenmauer festzudübeln. Kleinere Unebenheiten der Wand, die oftmals vorkommen, werden zuvor mit Hammer und Meißel ausgeglichen.

Zur Befestigung dienen nichtrostende Schrauben mit 8 mm Durchmesser. Vom senkrechten Wandanschluß ausgehend wird dann an der Schmalseite des Anbaus der erste Eckpfosten mit Winkeleisen an der Bodenschwelle befestigt und gleichzeitig mit der oberen Quertraverse stabilisiert.

Nun wird der zweite Eckpfosten aufgestellt und mit dem ersten durch das Anbringen des oberen Längstragebalkens sicher verbunden.

In dieser Weise fährt man fort, bis das ganze Grobgerüst des Wintergartenanbaus erstellt ist. Der Vorteil liegt darin, daß jeder neue Eckpfosten sofort mit einem Querträger stabilisiert wird, wodurch es leichter gelingt, die Konstruktion im Lot zu halten und Sie schneller und sicherer arbeiten können.

12.–14. Nun werden die Dachsparren angebracht. Da der exakte Zuschnitt wegen der vorhandenen Dachschräge für den Ungeübten nicht ganz unproblematisch ist, ermittelt man die Maße am besten Schritt für Schritt mit einem etwas längeren Werkstück. Es kann dann als Mustervorlage für die Bearbeitung der übrigen Sparren dienen.

Dazu legt man das Holz zuerst mit einem Ende auf das als Auflagefläche vorgesehene Wandanschlußbrett und mit dem anderen Ende auf den oberen Querträger. Nun reißt man eine Linie an, die durch die obere Kante des Mustersparrens geht und parallel zur Hausmauer verläuft. Sägt man das Holz an dieser Linie ab, so erhält man den Winkel, den man benötigt, um exakt an die Hauswand anschließen zu können.

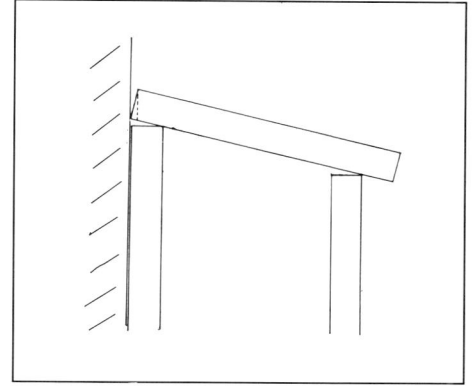

12

Als nächsten Schritt legt man den Sparren wieder an und zeichnet die notwendigen Aussparungen für die Auflageflächen an. Dies geschieht am leichtesten dadurch, daß man mit einem Winkellineal am Sparren zuerst die Längsrichtung der senkrechten Kanten fortführt und diese anschließend durch eine waagrechte Linie begrenzt, die durch die untere Kante des Sparren geht.

Nach dem Aussägen paßt sich der Sparren exakt in die Auflage ein und kann nun in seiner Länge so begrenzt werden, daß er mit der Außenkante des äußeren Stützpfeilers abschließt.

Nun haben Sie eine Schnittvorlage für die anderen Sparren, vorausgesetzt, Sie haben bei der Erstellung des Grundgerüsts sorgfältig nach Maß gearbeitet. Probieren Sie also lieber zuerst, ob Ihr Mustersparren überall exakt paßt.

13

15. Den Abschluß der Gerüstarbeiten bildet das Einsetzen der unteren Querstreben, die im oberen Bereich die Fensteröffnungen bilden und im unteren Bereich eine Holzverkleidung aufnehmen sollen.

16. Die Holzverkleidung, die gleichsam die Brüstung bildet, besteht in unserem Fall aus Nut- und Federbrettern. Um diese befestigen zu können, werden auf die Grundschwellen Leisten aufgeschraubt. Da diese nicht als kesseldruckimprägnierte Ware erhältlich sind, ist es

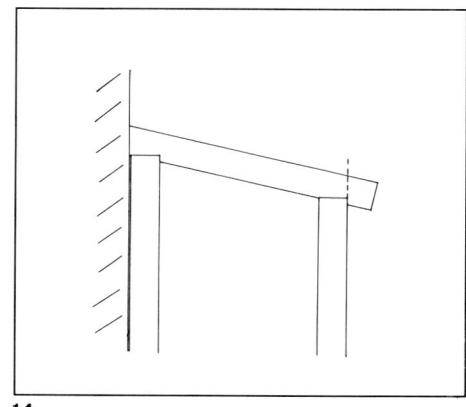

14

Arbeitsanleitungen

15

16

17

18

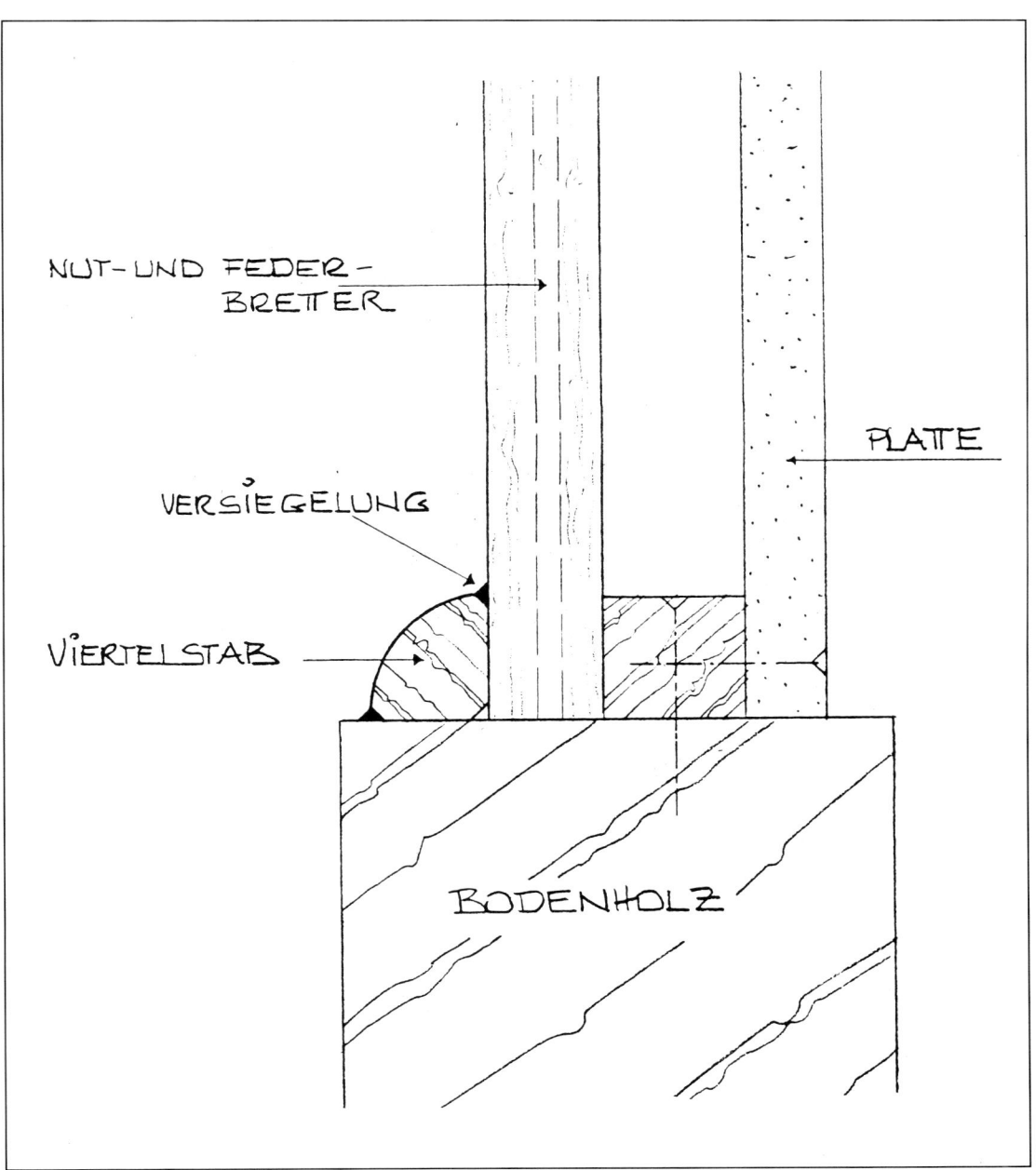

NUT-UND FEDER-
BRETTER

VERSIEGELUNG

VIERTELSTAB

PLATTE

BODENHOLZ

19

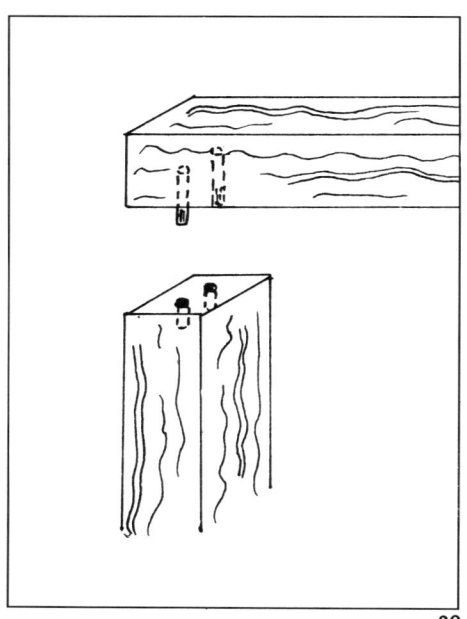

20

21

ratsam, sie vor dem Einbau mehrere Male von allen Seiten mit möglichst tief in das Holz dringendem Holzschutz zu behandeln.

17. Nun können die zurechtgeschnittenen Bretter eingesetzt werden. Jedes einzelne wird mit entsprechenden Drahtstiften, wie sie der Fachhandel für diesen speziellen Anwendungsbereich anbietet, an der oberen und unteren Befestigungsleiste fixiert. Es ist ratsam, die Nut-und Federbretter bereits vor dem Einbau allseitig zu imprägnieren, um das Eindringen von Feuchtigkeit speziell an den Stirnkanten zu verhindern. Auch fallen nach einer vorhergehenden Behandlung die Fugen nicht so sehr auf, falls das Holz im Lauf der Zeit noch etwas austrocknet.

18. Zum Abschluß werden in den Rändern der einzelnen Brüstungsfächer abgeschrägte Leisten angebracht. Sie dienen mit ihrer Abrundung dem ungehinderten Regenwasserablauf, geben der Füllung einen zusätzlichen Halt und bilden eine optische Umrahmung. Um das exakte Bohren der Schraublöcher zu erleichtern, werden die Leisten zuerst mit einigen Nagelstiften angeheftet. Als einzige Befestigung wären diese nicht geeignet, da sie dem Arbeiten der hölzernen Brüstungsverkleidung nicht genug Widerstand entgegenbringen könnten. Dies ist jedoch wichtig, um eventuelles Eindringen von Regenwasser zu vermeiden. Als weiterer Schutz ist es sogar ratsam, die Kanten der Leisten mit Silikon-Dichtungsmasse zu versiegeln.

19. Da Nut- und Federbretter immer ein wenig arbeiten, ist eine absolute Winddichtigkeit nicht gewährleistet. Aus diesem Grund muß auch an der Innenseite der Brüstung eine Holzverkleidung angebracht werden. Die Befestigung geschieht durch Schraubverbindungen mit den Holzleisten, die auch die Halterung für die Außenverkleidung bilden.

20. Nun kann die Tür angefertigt und eingesetzt werden. Sie wird aus Kanthölzern zugeschnitten, stumpf mit wasserfestem Leim zusammengefügt und außerdem werden die senkrechten Türteile in die Querstücke verdübelt.

21. Da Glas nicht zur Aussteifung von Rahmen genutzt

werden darf, werden die Nut- und Feder-bretter des Sockels so stramm eingepaßt und mit den Anschlagleisten des Rahmens verschraubt, daß sie die erforderliche Stabilität erbringen. Die Tür kann selbst im Gebrauch nicht hängen. Angeschlagen ist die Tür mit drei kräftigen Scharnieren, die auf die Wandstütze und auf den Rahmen geschraubt sind. Durch die in den Scharnieren vorhandenen größeren Löcher werden zusätzlich noch Schlüsselschrauben gesteckt und auf der Gegenseite mit Unterlegscheiben und Muttern verschraubt. Dies sorgt für mehr Stabilität und verhindert ein Ausbrechen der Holzschrauben.

22. Damit der Wind nicht durch die Ritzen pfeift und der Regen bleibt, wo er hingehört, müssen am Eingang noch einige Vorkehrungen getroffen werden. Als innerer Anschlag werden am Türrahmen rundherum Leisten mit etwa 2 × 2 cm Stärke angeschraubt, an denen die Tür anliegt. Von außen bekommt der Türflügel 1 × 4 cm starke Leisten aufgesetzt, so daß ein zweifacher Anschlag vorhanden ist. Um das Eindringen von Regen an der Türoberkante zu verhindern, wird ein abgeschrägter Wasserschenkel darübergesetzt und mit wasserfestem Leim und langen Schrauben am Türrahmen befestigt.

23. Der waagrechte Schnitt durch die Tür und den angrenzenden Pfosten zeigt wiederum den doppelten Anschlag und einen selbstgebauten Verschluß als beidseitig zu bedienenden Überwurf. Er besteht nur aus zwei Leisten, die mit einem durch den Türrahmen gesteckten Dübel verleimt sind. Dies ist eine einfache, aber preiswerte und praktische Lösung. Sie

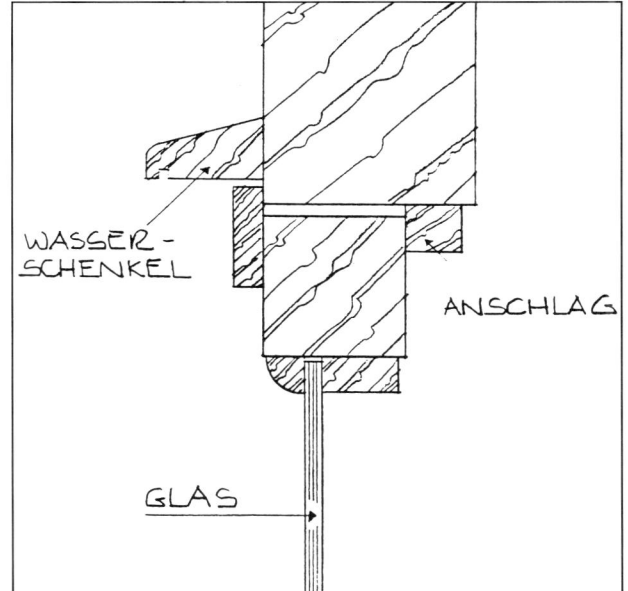

22

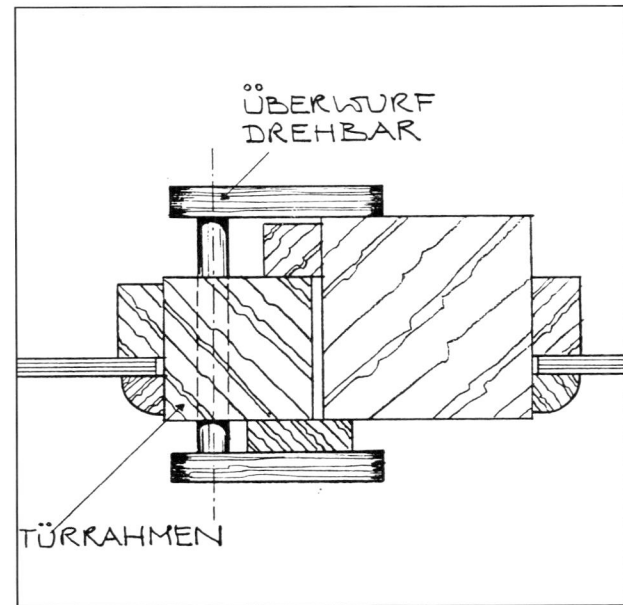

23

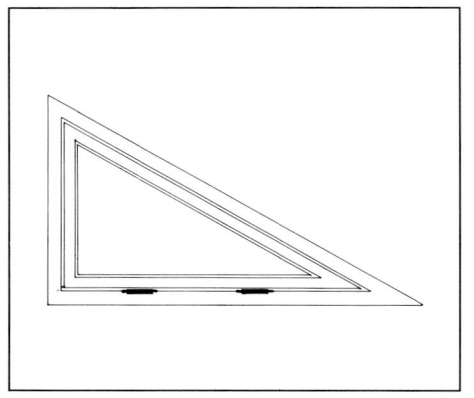

24

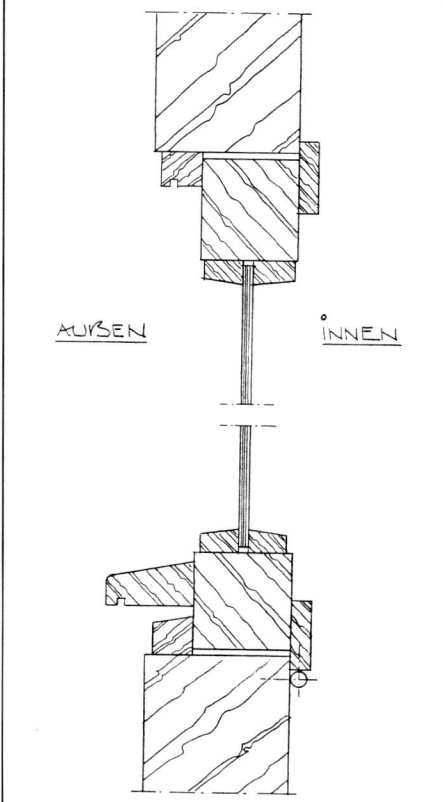

AUSSEN INNEN

25

kann aber auch durch den Einbau eines handelsüblichen Türschlosses ersetzt werden.

24. Wichtig für ein gutes Klima im Wintergartenanbau ist eine ausreichende Entlüftungs- und Beschattungsmöglichkeit. Sind im Sommer schattenspendende Bäume vorhanden, kann auf ein Sonnensegel verzichtet werden. Als Belüftungselement wird das Dreiecksfeld über der Tür als Klappflügel ausgebaut. Die Konstruktion ist die gleiche wie bei der Tür. Ein zweiter Klappflügel befindet sich in dem Dreieck an der anderen Seite des Anbaus. Somit ist eine Querlüftung möglich, wenn die Sonne es einmal besonders gut meint.

25. Wer keine natürliche Baumbeschattung hat, sollte bei einer ähnlichen Konstruktion noch einen oder mehrere große Fensterflügel im unteren Bereich vorsehen. Wird zum Beispiel ein Drehflügel gewünscht, so würde sich dieser nach innen öffnen müssen. Wie der Einbau aussehen könnte, zeigt die Schnittzeichnung. Es handelt sich auch wieder um einen sehr einfachen Vorschlag, bei dem die für den Beschlag notwendigen Fälze und Anschläge mit serienmäßigen Leisten durch Aufschrauben entstehen. Solche Verbindungen werden immer durch wasserfesten Leim unterstützt.

26. Nun kann die Bearbeitung der Fensterbereiche folgen. Dazu ist es auch notwendig, zuerst die Balken mit den Halteleisten zu versehen. Sie dienen hier als innerer Anschlag für die Verglasung. Bevor jedoch die Seitenfenster eingesetzt werden, sollte zuerst die Dachverglasung erfolgen, um Scheibenbruch durch eventuell herabfallende Gegenstände zu vermeiden.

27. Dazu müssen zuerst die Scheibenauflageleisten auf die Trägerbalken und das Wandanschlußbrett montiert werden. Dies geschieht mittels versenkbarer Holzschrauben, deren Kopf zusammen mit der Bohrlochumrandung mit Kitt oder Silikon-Dichtungsmasse versiegelt wird. Holzleisten und Dachsparren sollten an ihren Anstoßstellen stufenlos ineinander übergehen. Deshalb ist es vorteilhaft, die Auflageleisten so abzuschrägen, daß sie den Neigungswinkel der Sparren erhalten. Wenn man sich diese Arbeit ersparen will, kann man zur Not auch den Zwischenraum mit Silikon-Dichtungs-

masse ausfüllen. Anschließend wird das äußere Blend-
brett am Tragebalken verschraubt. Zuvor sollten jedoch
die beiden Berührungsflächen satt mit Silikon-
Dichtungsmasse bestrichen werden, um das Eindringen
von Regenwasser zu verhindern. Neben optischen
Zwecken dient die Verblendung besonders der Begrenzung der Dachverglasung.

Um vorzeitiger Fäulnisbildung durch Regenwasser vor-
zubeugen, muß bei der Montage darauf geachtet werden, daß die obere Kante der Verblendung nicht über
die Oberkante der Dachverglasung steht. Das Regenwasser könnte sonst nicht ungehindert ablaufen, sondern würde sich hier sammeln und stehenbleiben.

28. Nachdem nun die Aufnahmefächer für die Dachverglasung hergestellt sind, kann es an das Einsetzen der
Plexiglasplatten gehen.

Als Unterlage für die Plexiglasplatten wird ein dickes
Band aus plastischem Kitt auf die Sparren, auf die Leisten an der Traufe und auf das Wandanschlußbrett aufgetragen. Die Menge muß so reichhaltig sein, daß später die Dachplatte ringsum vollflächig aufliegen kann.
Dies ist sowohl für die feste Lage als auch für die Dichtigkeit von großer Bedeutung.

29. Nun können die zugeschnittenen Plexiglasscheiben auf das vorher noch mit einer Spachtel geglättete
Kittbett gelegt werden. Es ist wichtig, daß Sie von außen möglichst fest aufdrücken. Herausquellenden Kitt
sollten Sie erst dann entfernen, wenn die Platten vollständig fixiert sind.

30. Das Fixieren geschieht durch Abdeckleisten, die
auf den Stoß zweier Platten oder wie hier auf die Kante
gesetzt und mit den darunterliegenden Sparren verschraubt werden. Die Unterseiten der Leisten sind
ebenfalls mit elastischem Kitt belegt, so daß dieser
beim Zusammenschrauben die Abdichtung von oben
sicherstellt. Nun wird auf und unter dem Dach die her-
vorstehende Kittmasse abgeschnitten und sauber glatt-
gestrichen.

31. Bei der Befestigung durch die Abdeckleisten ist zu
beachten, daß die Schrauben nicht durch die Plaxiglas-
scheiben gebohrt werden. Plexiglas ist ein Kunststoff,

26

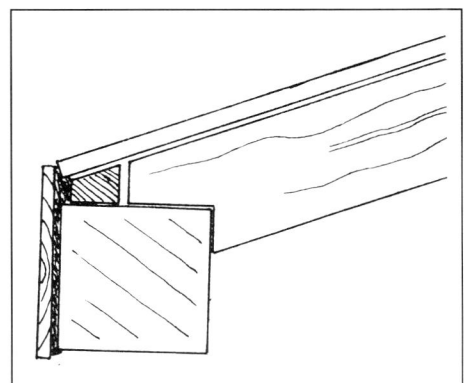

27

28

Der Bewuchs sorgt im Sommer für ausreichende Beschattung

Eine Glasveranda schafft Lebensraum in der Natur

29

30

31

32

33

34

der sich bei Erwärmung ausdehnt. Dadurch könnte es zum Ausreißen der Schraublöcher kommen. Deshalb ist es sinnvoll, zwischen den anstoßenden Plexiglasplatten eine Dehnfuge von etwa 1–2 cm zu lassen. Dort findet dann natürlich auch die Befestigungsschraube Platz, ohne daß die Plexiglasscheiben angebohrt werden müßten.

32. Den Abschluß der Dacheindeckungsarbeiten bildet die Abdichtung der Dachverglasung zur Hauswand durch Silikon-Dichtungsmasse. Zum Schluß noch ein kleiner Tip für Arbeiten auf bereits eingedeckten Glasflächen, die sich wohl meist nicht vermeiden lassen: Versuchen Sie, Ihr Körpergewicht möglichst auf eine große Fläche zu verteilen. Arbeiten Sie also möglichst liegend oder benutzen Sie ein breites Brett als Unterlage. Aber Vorsicht! Plexiglas verkratzt leicht.

33. Zur Fertigstellung des Wintergartenanbaus müssen jetzt nur noch die am besten bereits vom Glaser fertig zugeschnittenen, etwa 5 mm dicken Einfachglasscheiben in die senkrechten Gefache der fertigen Holzkonstruktion eingesetzt werden.

Als Dichtmaterial wird die einfachste und preiswerteste Lösung gewählt: einfacher Leinölkitt. Zunächst werden die durch die Anschlagleisten gebildeten Fälze an ihrer senkrechten Außenseite mit Kitt ausgelegt, in die Sie dann die Scheibe einlegen.

34. Zu beachten ist, daß das Glas nicht mit der unteren Kante auf den Querriegel gestellt werden darf, sondern immer auf zwei Klötzen stehen muß, wenn es sich um eine feste Verglasung handelt. Klötze sollten aus Haltbarkeitsgründen aus imprägniertem Hartholz, nicht aus Weichholz bestehen.

35. Jetzt braucht nur noch die nach außen abgerundete Hartholzhalteleiste eingesetzt und mit Nagelstiften befestigt zu werden. Zur Scheibe hin müssen Sie vorher wieder ein Kittbett anordnen. Herausquellender Kitt wird nun mit einem Messer abgeschnitten und der restliche Kitt mit dem Finger sauber verstrichen. Vergessen Sie bitte nicht, später den Kitt mit einer deckenden Farbe zu überstreichen, damit sich keine Risse bilden, in die Wasser eindringen kann. Die Feuchtigkeit würde nicht nur das Kittbett, sondern im Laufe der Zeit auch das Holz angreifen.

36. Nun ist die Glasveranda bezugsfertig und kann zumindest im Sommer und an sonnigen Tagen während der Übergangszeiten als neue witterungsgeschützte Freizeitoase genossen werden.

Wenn Sie den Anbau hauptsächlich als Pflanzen- und Gewächshaus nutzen wollen, können Sie auf den Einbau eines Fußbodens verzichten. Grundsätzlich würde der Einbau jedoch keine Schwierigkeiten bereiten. Dabei kann zwischen einem einfachen Bohlenfußboden, der auf Kanthölzern gelagert ist, oder einem Estrich gewählt werden.

Arbeitsanleitungen

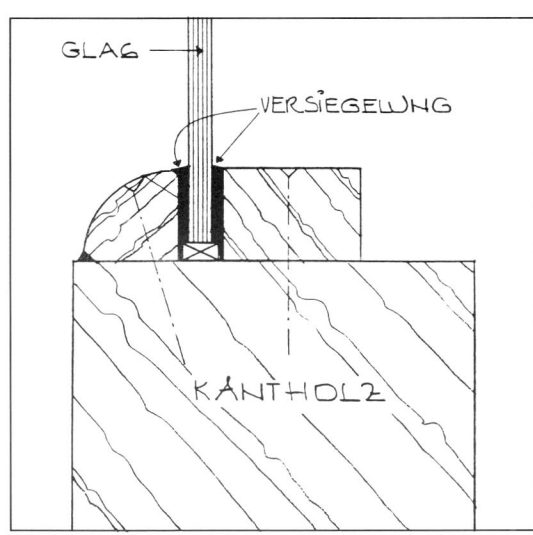

35

36

Arbeitsanleitungen

Konstruktionen aus Holz wirken sehr behaglich

1

2

3

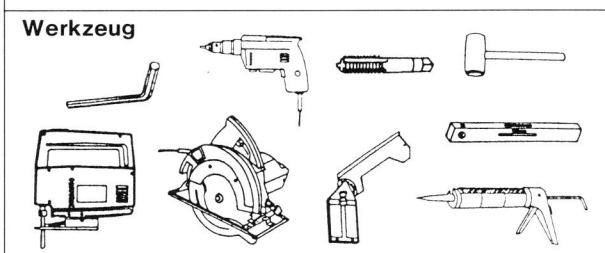

Den Wintergarten mit Profilen aus Aluminium erstellen

Material

Bausatz oder vorgefertigte Aluminiumprofile und Fertigteile, Stegdoppelplexiglas, einfaches Plexiglas, nichtrostende Kreuzschlitzschrauben, Dübel, Dichtband, Dichtleisten, Silikon-Dichtungsmasse, Blindnieten.

Werkzeug

Schwierigkeitsgrad

| | 0 | 1 | 2 | 3 |

Kraftaufwand

| | 0 | 1 | 2 | 3 |

Arbeitszeit

Zwei Personen können einen Wintergarten aus Aluminium in etwa 35 Stunden erstellen.

Ersparnis

Die Ersparnis durch Eigenleistung beläuft sich auf bis zu 4000 DM.

4

Der Wintergarten kann als wettergeschützter Freizeit-raum den Übergang vom Haus zum Garten bilden.

Wenn eine volle Nutzung auch im Winter nicht geplant ist, kann auf wärmeisolierte Baumaterialien verzichtet werden. Das Gerüst besteht dann aus nichtisolierten, vorgefertigten Aluminiumprofilen, die Dacheindeckung bilden Stegdoppelplexiglasplatten, die Fensterfronten werden mit einfachen Plexiglasscheiben verglast. An Materialkosten fallen für die vorgestellte Konstruktion etwa 30 000 DM an.

Bereits in der Planungsphase ist es wichtig, sich über die Maße vorgefertigter Profil- und Rahmenteile ge-nauestens zu informieren. Erfragen Sie dabei auch Standardmaße für Tür- und Fensterelemente. Fertigen Sie einen Plan im Maßstab 1:10 an. Manche Firmen bie-ten komplette Bausätze zum Eigenbau eines Wintergar-tens an.

Arbeitsanleitung

1. Für die Errichtung eines Wintergartens ist die Erwei-terung des Hauskellers in Form eines Anbaus die Aus-gangsbasis. Die Betondecke dient als Boden für die neue Terrasse.

Statische Probleme für die Konstruktion des Wintergar-tens treten dann nicht auf, da die betonierten Außen-mauern als Fundament für die tragenden Teile des Win-tergartens dienen.

2. Der Anschluß an die Gebäudeaußenmauer ge-schieht mittels entsprechend zugeschnittener Wandan-schlußprofile, die mit nichtrostenden Kreuzschlitz-schrauben in Senkkopfausführung sorgfältig angedü-belt werden.

Während die senkrechten Wandanschlüsse aus einem einzelnen Profilteil bestehen, setzt sich der waagrechte Dachanschluß aus einem Profilverbund zusammen. Dieser ist notwendig, da mit seiner Hilfe die benötigte Dachneigung je nach Bauanforderung und Glasherstel-lervorschriften eingestellt werden kann. Der Montage-aufbau sieht folgendermaßen aus:

● Dichtband gegen herablaufendes Regenwasser

● Wandanschlußneigungsprofil zur Verankerung an der Hausmauer

5

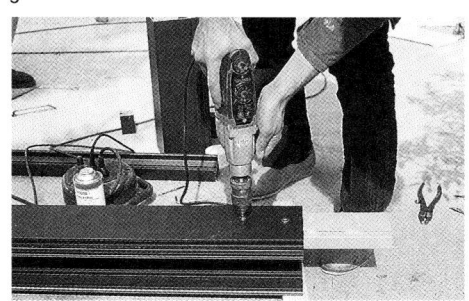

6

7

8

9

10

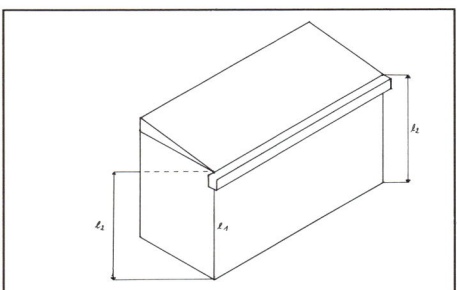

11

12

● Sparrenauflageneigungsprofil zum Ausgleich der Dachneigung.

Bei der Reihenfolge der Montage ist darauf zu achten, daß nur das Wandanschlußneigungsprofil mit dem darunterliegenden Dichtungsband bereits fest verankert und an der oberen Wandanschlußfuge und den Schraubenköpfen satt mit Silikon-Dichtungsmasse bestrichen wird.

Das Sparrenauflageneigungsprofil kann vorerst nur mit einer Schraubzwinge festgehalten werden, bis der endgültige Neigungswinkel feststeht. Später dann werden die beiden Neigungsprofile an den beiden Enden mit Blindnieten fixiert.

Die Fuge der beiden überlappenden Bogenteile beider Profile wird in ihrer ganzen Länge mit ausreichend Silikon-Dichtungsmasse ausgefüllt.

3. Bevor jedoch genietet werden kann, muß der exakte Winkel der Dachneigung bekannt sein. Dazu ist es vorteilhaft, zuerst das bereits als Dachrinne gebaute Querprofil der Vorderfront aufzustellen, das gleichzeitig als Auflagehalterung der Dachverglasung dient und die Neigung der Dachsparren bestimmt.

4. In unserem Beispiel mußte das Profil mit der integrierten Dachrinne zuerst verlängert werden, da diese Teile fabrikmäßig nur in einer Länge von 7 m erhältlich sind. Der Wintergarten aber soll breiter angelegt werden. Die Verlängerung geschieht durch Einschieben eines vom Hersteller bereits grundierten Vierkantstahls und zweier Blattstähle in die dafür vorgesehenen Einschubfächer. Anschließend wird das Verlängerungsteil aufgesteckt.

5. Da die beiden Schnittstellen äußerst paßgerecht sein müssen, um die Funktion der Dachrinne zu gewährleisten, sollte für das Schneiden des Verlängerungsstücks auf geeignetes Werkzeug geachtet werden. Am sichersten führt man den Schnitt mit einer elektrischen Gehrungskappsäge aus. Doch auch eine Präzisionshandgehrungssäge leistet sehr gute Dienste.

6. Nach dem paßgerechten Schneiden der Verlängerung werden zuerst das grundierte Vierkantrohr in das Dachrinnenhauptstück eingeschoben und die beiden Bohrungen für die Befestigungsschrauben angebracht.

7. Anschließend werden mit einem Maschinengewindebohrer die Bohrungen im Bereich des Vierkantstahls mit einem metrischen Gewinde versehen.

8. Zum Schluß werden die Bohrungen auf der Sichtseite der integrierten Dachrinne entsprechend der Schraubenkopfgröße gesenkt und die Halteschrauben dann befestigt.

9. Nun wird das Verlängerungsstück aufgeschoben und mit einer Schraubzwinge fixiert, damit die Bohrungen für die übrigen Befestigungsschrauben angebracht werden können. Es ist sinnvoll, je vier Schrauben an der Breit- und Schmalseite des Vierkantstahls anzubringen, da dieser die eigentliche Trage- und Führungsaufgabe hat. Für die Seite mit den Blattstählen genügt je eine Schraube für die zusammengefügten Teile.

10. Bevor nun die beiden Dachrinnenteile der Aluminiumkonstruktion endgültig zusammengefügt und miteinander verschraubt werden, sollte die Schnittstelle innen und außen sorgfältig mit Silikon-Dichtungsmasse bestrichen werden, um so auf alle Fälle spätere Undichtigkeit zu vermeiden.

11. Jetzt können die Längsstützen für die Dachrinne angebracht werden. Sie müssen in der Länge so bemessen sein, daß sie einerseits eine Dachneigung bewirken, die den Herstellervorschriften des verwendeten Dacheindeckungsmaterials entspricht. Andererseits aber muß sie auch ein leichtes Gefälle der Dachrinne erzeugen, damit das Regenwasser ablaufen kann. In unserem Beispiel beträgt die Längendifferenz der beiden äußeren Stützen mit den Längen l_1 und l_2 ungefähr 5 mm.

12. Die Verbindung zwischen Dachrinne und Stützen geschieht wiederum mit Kreuzschlitzschrauben, wobei darauf zu achten ist, daß die Bohrungen für die Schrauben nicht zu groß werden, um ein Durchrutschen der Blechschrauben zu verhindern. Im Zweifelsfall ist es immer besser, an einem übriggebliebenen Schnittrest den

13

14

15

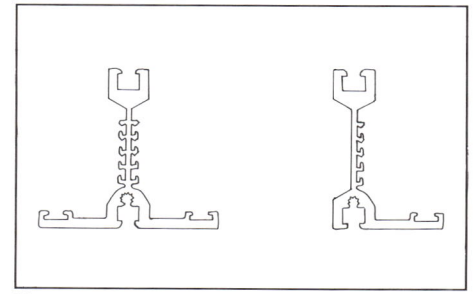

16

17

18

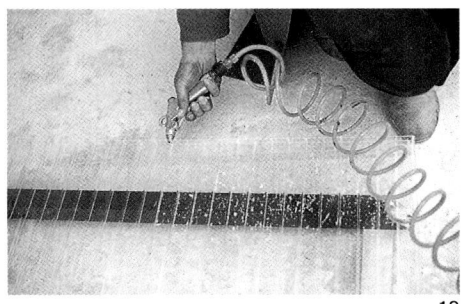

19

20

richtigen Bohrdurchmesser zu ermitteln. Der Schaden durch die Wahl eines falschen Durchmessers ist erheblich und nicht zu korrigieren.

13. Beim Anbringen der Längsstützen an der Dachrinne darf nicht vergessen werden, daß der Wasserauslauf der Rinne etwa 20 bis 40 cm von der späteren Glasaußenfläche entfernt sein sollte. Häßliche Schmutzspuren an den Fenstern durch abspritzendes Regenwasser sind ein vermeidbares Ärgernis.

14. Die Verankerung der Längsstützen im Boden geschieht durch feuerverzinkte U-Stähle, die im Boden verdübelt werden und sich exakt in das Hohlprofil der Längsträger einschieben lassen. Dort werden sie dann mit einer Blechschraube fixiert.

Der Abstand zwischen Längsstützen und Wandlängsanschluß hängt von den Maßen der dazwischenliegenden Tür- und Fensterelemente an der Schmalseite des Wintergartens ab.

15. Das Dachrinnengerüst und das Sparrenauflageneigungsprofil werden nun durch die Alusparren verbunden. Sie dienen später als Auflageleisten für die Plexiglasscheiben.

16. Der Abstand zwischen diesen Dachsparren orientiert sich an der Breite der verwendeten Plexiglasscheiben. Berechnen Sie zuzüglich immer einen beidseitigen Dehnabstand, den der Hersteller für die Konstruktion vorschreibt. Die mittleren Dachsparren haben T-, die beiden äußeren L-Profilform.

17. Das Grundgerüst der Wintergartenkonstruktion ist nun fertig, aber noch nicht verwindungsstabil. Endgültige Stabilität gibt erst das Auflegen der Dachplexiglasscheiben.

18. Für die Dacheindeckung werden farblose Stegdoppelplexiglasscheiben verwendet. Die einzelnen Scheiben sind zwar nicht sehr schwer, wegen ihrer Sperrigkeit werden zur Montage aber mindestens zwei Leute gebraucht.

Wichtig ist, daß Plexiglasscheiben niemals über rauhen oder kantigen Untergrund geschoben werden, da sonst zu leicht Kratzspuren entstehen könnten, die nicht mehr zu entfernen sind.

19. Auch beim Zuschnitt von Plexiglas – der im übrigen relativ problemlos ist – sollte die Auflagefläche, an der die Stich- oder Handkreissäge entlanggeführt wird, mit einem Kratzschutz versehen werden. Nachdem Sie die Stegplatten bearbeitet haben, müssen die einzelnen Kammern mit Druckluft ausgeblasen werden.

20. Bevor nun die Dachplexiglasplatten aufgelegt werden können, müssen Sie die vorgesehenen Auflageflächen an den Dachsparren und der Dachrinne mit passenden Gummiprofilbändern versehen.

21. Anschließend erfolgt die Montage der Dachabdeckung.

Zuerst wird auf der einen Längsseite des Fensterfeldes die Glasleiste in die Dachsparren eingesetzt. Dafür sind sowohl im Sparrenprofil als auch im Glasleistenprofil Halteeinrichtungen in Form von Widerhaken vorgesehen, die ein Regulieren des Abstandes zwischen Sparrenauflagefläche und Fensterleiste ermöglichen.

Dieser Abstand hängt von der Dicke der verwendeten Dacheindeckgläser ab. Er sollte immer so bemessen sein, daß sich die Stegdoppelplatten noch gerade einschieben lassen. Die Länge der Glasleisten bemißt sich nach der Länge der Stegdoppelplatten, von denen allerdings noch die Breite der oberen und unteren Abschlußleisten abgezogen werden müssen. Diese sollten bereits vor dem Auflegen der Stegdoppelplatten aufgesteckt werden.

22. Nun kann die Glasplatte in das entsprechende Verglasungsfeld eingelegt werden, was durch leichtes Anheben an der fensterleistenlosen Seite und Einschieben unter die bereits angebrachte Fensterleiste geschieht.

Abschließend wird die Plexiglasplatte ohne Probleme durch leichtes Anheben an der freien Seite und Verschieben so justiert, daß der Abstand zu beiden Sparrenseiten gleich ist.

23. Jetzt kann die zweite Fensterleiste angelegt und eingerastet werden. Dies geschieht am einfachsten durch leichte Schläge mit einem Gummihammer. Die

21

22

23

24

Arbeitsanleitungen

25

26

27

28

Abbildung zeigt die bereits komplett ausgeführte Montage.

Im Querschnitt erkennen Sie ein Mitteldachsparrenprofil, an dessen linker Seite die Stegdoppelplatte mit Abschlußleiste bereits mit der Fensterleiste befestigt ist, während der rechte Teil mit eingefügter Fensterleiste für die Aufnahme der neuen Stegdoppelplatte vorbereitet ist.

24. Nach dem Anbringen der Verglasung müssen die einzelnen Teile an den Rändern noch von oben sorgfältig abgedichtet werden. Dies geschieht mit Gummidichtprofilen, die zwischen Plexiglas und Fensterleiste eingeschoben werden. Beim Arbeiten auf der Glasfläche ist zu beachten, daß man mit dem Körper eine möglichst große Auflagefläche bildet, um das Auflagegewicht möglichst gut zu verteilen und so das Zerbrechen der Glasflächen vermeidet. Stellen Sie sich deshalb bei dieser Arbeit niemals auf die Glasflächen. Sicher arbeiten Sie auch mit Brettern, die Sie über die Dachsparren gelegt haben.

25. Zum Abschluß der Dacheindeckarbeiten werden Verblendungsbleche aufgesetzt.

26. Nach der Dacheindeckung bringen Sie die Bodenlaufschienen für die Falttüren an. Sie bestehen aus einem eloxierten Aluminiuminnenteil – der eigentlichen Bodenlaufschiene – und einem verzinkten Stahlblechaußenteil, das später die Bodenlaufschiene aufnimmt. Das Stahlblechaußenteil verschwindet anschließend unter einer Estrichschicht.

27. Die Montage bereitet keine Schwierigkeiten: Die Stahlblechteile schließen sich bündig an die Längsbegrenzungen an und werden mit versenkbaren Kreuzschlitzschrauben im Betonboden verdübelt.

Man sollte jedoch auf jeden Fall vor dem Befestigen mit der Wasserwaage sicherstellen, daß die Schienen völlig waagrecht liegen. Unebenheiten im Betonboden können mit einem Hammer abgeschlagen werden. Bei schrägem Boden können Holzkeile zum Ausgleich als Unterlage dienen.

Alle anderen Bereiche des Wintergartens, die nicht mit Falttüren, sondern mit Festteilen versehen werden, müssen beim Anbringen der Bodenlaufschienen ausgespart bleiben.

28. Zum Abschluß der Arbeit werden die Bodenlaufschienen einfach in die Stahlblechführungen eingelegt. Eine Fixierung ist nicht notwendig, da ein Verrücken durch die beidseitigen Längsträgerbegrenzungen ausgeschlossen ist.

29. Außenwandteile des Wintergartens, die nicht aus Falttüren bestehen, werden durch Festteile ausgefüllt. Da der Wintergarten noch nicht das endgültige Bodenniveau besitzt, muß der entsprechende Abstand zum Rohbauboden durch Unterlegen von Distanzhölzern erzeugt werden. Der Anschluß zu den Bodenlaufschienen geschieht bündig.

30. Die Befestigung der Festteile erfolgt durch Anschrauben des Außenrahmens an die umgebenden Gerüstprofilen und an den Boden. Verwenden Sie dazu die bereits erwähnten nichtrostenden Senkkopfkreuzschlitzschrauben, mit denen Sie eine haltbare Befestigung erreichen.

31. An den Seitenwänden des Wintergartens muß wegen der Neigung des Daches zur Befestigung eine waagrechte Quertraverse eingezogen werden. Bevor dies geschieht, wird der Außensparren jedoch noch mit einem Aluprofil verstärkt. Bevor Sie die Teile verschrauben, bestreichen Sie die Schnittflächen mit Silikon-Dichtungsmasse.

32. Nun kann die Quertraverse angebracht werden, die auf einer Seite mit dem Außenrahmen des Festteils verschraubt wird. Der Abstand zwischen Traverse und Boden hängt von den Maßen der jeweils verwendeten Fertigteile wie Falttüren, Führungsschienen usw. ab.

33. Die Befestigung auf der anderen Seite geschieht mit Winkelfeststellern. Diese schieben Sie in die Innenführungen des Wandanschlußprofils und der Traverse und befestigen sie mit dafür vorgesehenen Inbusschrauben.

34. Zur sicheren Befestigung muß die Traverse auf beiden Seiten mit den Winkelfeststellern fixiert werden, die zusätzlich noch am kürzeren Ende mit geraden Feststellern blockiert werden.

29

30

31

32

Arbeitsanleitungen

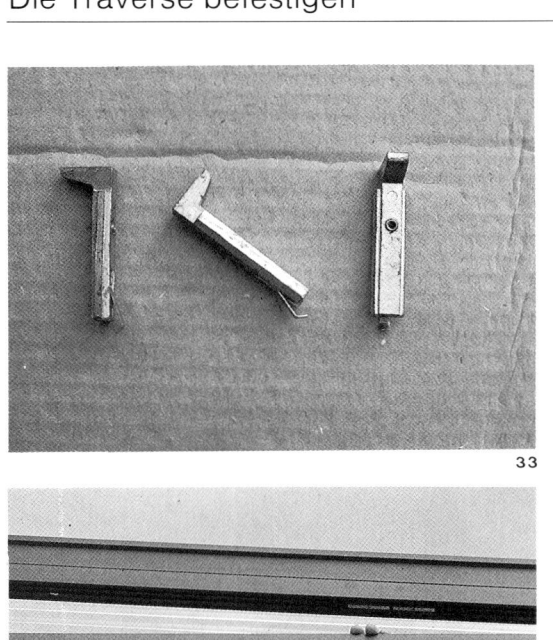

33

34

35

36

37

38

35. Dann werden die Hängeführungsschienen für die Falttüren zwischen die Längsstützen eingepaßt und angeschraubt.

36. Da die Schienen beidseitig bündig eingesetzt werden, müssen sämtliche Falttürverbände bereits vor der endgültigen Fixierung in die Laufschienen eingeführt werden.

37. Sollte eine Verlängerung der Hängeführungsschienen notwendig werden, so justieren Sie die Schnittstellen mit einem Feststeller. Dieser sorgt dafür, daß die Schienen exakt in einer Ebene liegen und die Falttüren später nicht hängenbleiben.

38. Nach der Montage der Hängeführungsschienen bringen Sie die Plastikleisten zur Verblendung des Einlaßtrichters an. Die vorgefertigten Teile werden einfach auf den Rand der Einlaßtrichteraussparung aufgesetzt und mit einem Feststeller fixiert.

39. Nun können die Falttürverbände über die ganze Länge des Wintergartens verschoben und auf ihre reibungslose Funktion hin überprüft werden. Sollten sich Vernakungen oder gar Sperrungen ergeben, so müssen diese jetzt beseitigt werden.

Wenn sorgfältig gearbeitet wurde und alle Konstruktionsteile im Lot sind, so beruhen Funktionsmängel meist auf Verunreinigungen in den Laufschienen, die rasch zu beseitigen sind. Es können aber auch Fabrikationsfehler bei den Falttürverbänden, zum Beispiel im Bereich der Rollkugellager, die Ursache sein. Sie werden erst bei dieser Funktionsprüfung erkennbar und müssen auf jeden Fall vor weiteren Arbeiten am Wintergarten beseitigt werden.

40. Deckt die Funktionsprüfung keinerlei Mängel in der Bewegbarkeit auf, dann können Sie die Anschlagleisten der Falttüren montieren. Dazu wird zuerst an der jeweiligen Schloßseite eines Falttürverbundes ein Abstandsprofil an die dort vorhandene Längsstütze angeschraubt. Dieses Abstandsprofil nimmt das eigentliche Anschlagprofil auf und erlaubt gleichzeitig eine genaue Regulierung des benötigten Abstandes zwischen Falttüranschlag und Anschlagprofil. Diese Regulierungsmöglichkeit ist wichtig, da die Breite fabrikmäßig gefer-

39

40

41

42

Arbeitsanleitungen

43

44

45

tigter Falttürverbände natürlich nicht immer den tatsächlich gegebenen Bauabmessungen entspricht.

41. Für das Einjustieren des Anschlagprofils muß der Falttürverband vollständig geschlossen werden, so daß seine volle Breite erreicht wird. Dann ziehen Sie das vorher vollständig in das Abstandsprofil eingeschobene Anschlagprofil so weit heraus, daß die Gummidichtleiste des Falttürverbundes vollständig die Gummidichtleiste des Abstandsprofils berührt. In dieser Stellung werden dann das Anschlagprofil und das Abstandsprofil mit Bohrungen versehen und durch Blindnieten miteinander verbunden. Vom sorgfältigen Einjustieren der Anschlagprofile hängt es ab, ob (bei zu großem Abstand) später Wind und Feuchtigkeit eindringen können oder (bei zu geringem Abstand) die Falttüren nur schwergängig zu bedienen sind.

42. Nun können die Falttürverbände verglast werden. Dies geschieht in unserem Fall allseitig mit einfachen, nicht gefärbten Plexiglasscheiben. Diese werden zuerst von ihren Schutzfolien befreit und auf Materialfehler und Kratzspuren hin überprüft.

43. Nach der Sichtprüfung werden die Scheiben in die dafür vorgesehenen Aufnahmeführungen der Falttürelemente eingepaßt.

44. Die Fixierung geschieht mittels der Hartgummidichtleisten, die zwischen Scheibenkante und Fensterrahmeninnenkante eingedrückt werden.

45. Mit der Verglasung der Seitenwände ist die Montage des Wintergartens beendet. Die Belüftung erfolgt durch Öffnen der Schiebefalttüren. Sie lassen zum Garten hin praktisch eine völlige Öffnung zu, so daß an heißen Tagen der Wintergarten den Charakter einer überdachten Terrasse erhält. Eine Beschattung ist nicht vorgesehen, kann aber jederzeit nachträglich mit einem auf den Dachsparren montierten Rolladensystem angebracht werden. Als Fußbodenbelag werden hellbraun glasierte Bodenfliesen verwendet, die den Vorteil haben, daß sie tagsüber die Sonnenwärme speichern und diese nachts abgeben. Dies ist besonders in den Übergangszeiten angenehm, wenn es abends kühler wird, man aber den Wintergarten noch nutzen möchte.

Ein Glashaus mit Aluminiumgerüst

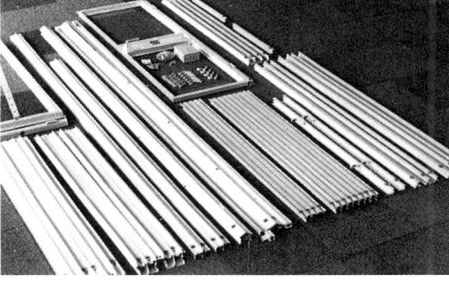

1

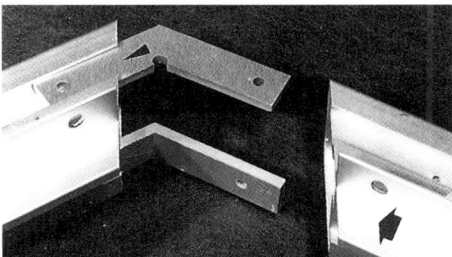

2

Material
Bausatz mit Befestigungsmaterial für ein Glashaus, Vorlegebänder 3, 4, 6 mm, Stegdoppelplatten aus Plexiglas, Gartenrandplatten aus Beton, Dübel mit Schrauben.

Werkzeug

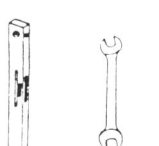   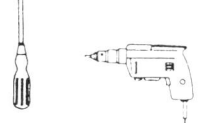

Schwierigkeitsgrad

0	1	2	3

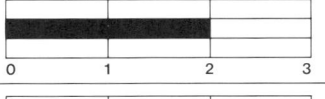

Kraftaufwand

0	1	2	3

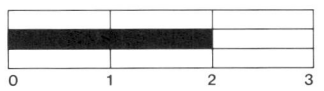

Arbeitszeit
Zwei Personen benötigen einen Tag, um ein Glashaus zu erstellen.

Ersparnis
Sie sparen etwa 600 DM plus die Anfahrtskosten des Fachmanns.

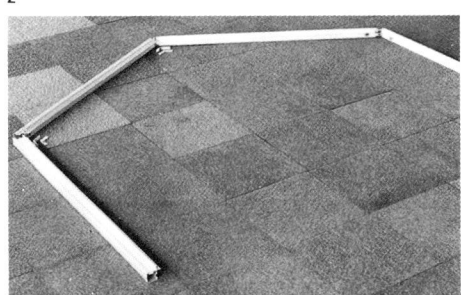

3

4

5

6

7

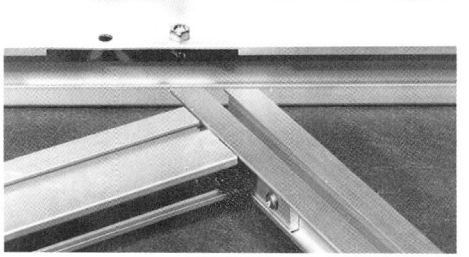

8

Das einfachste Fundament bauen Sie mit Gartenrandplatten aus Beton, die Sie mit der flachen Seite auf den Rasen legen.

Beim Aufbau des Glashauses sollten Sie zu zweit sein.

Arbeitsanleitung

1. Als erstes überprüfen Sie, ob die Lieferung vollständig ist, Sie öffnen den Karton und legen alle Profile und vorgefertigten Teile auf zwei Böcke oder auf zwei Latten. Alle Profile müssen gekennzeichnet sein. Anhand der beiliegenden Liste können Sie die Vollständigkeit der Lieferung überprüfen.

2. Sie legen zwei Dachprofile mit den Gehrungsschnittstellen zusammen auf eine ebene Unterlage, so daß die glatte Seite auf der Unterlage aufliegt. Einen hohen Eckwinkel schieben Sie in die untere Kammer, einen flachen Eckwinkel in die obere Kammer des einen Profils. Schieben Sie nun die Gehrungsschnittstellen aneinander und verschrauben Sie das Eck. Dazu benötigen Sie vier Schrauben. Verfahren Sie nun bei der Rückseite ebenso, nur daß diesmal die glatten Seiten der Profile nach oben zeigen müssen.

3. An den zusammengeschraubten Dachprofilen befestigen Sie nun wiederum mit je einem flachen und einem hohen Winkel die Eckpfosten.

4. Diese Abbildung zeigt, wie Sie die Hammerkopfschraube in das Eckpfostenprofil einsetzen. Ziehen Sie die Mutter nur ganz leicht mit zwei Umdrehungen an.

5. Das Sockelprofil schieben Sie nun auf die Hammerkopfschraube und ziehen diese an.

6. Sie verfahren an allen vier Verschraubungsstellen so und haben dann den vorderen und den hinteren Giebel vor sich liegen. Beim vorderen Giebel zeigt die glatte Fläche nach oben, beim hinteren Giebel nach unten.

7. Für die Innenkonstruktion der Giebel sind die Eckwinkel schon vormontiert. Die äußeren senkrechten Sprossenprofile mit den vormontierten Winkeln werden in die obere Nut des Blendrahmenquerstücks eingesetzt und verschraubt. Auch bei den inneren senkrechten Sprossenprofilen ist das Verbindungsteil zum Querstück des Blendrahmens schon vormontiert. Auf der vorderen Giebelseite wird die vorgefertigte Tür eingesetzt. Verschrauben Sie wiederum alle Teile mit den dafür vorgesehenen Schrauben.

8. In den beiden Giebeln setzen Sie jetzt die Hammerkopfschrauben in die vorgebohrten Löcher und ziehen die Muttern nur ganz leicht an. Die Innenkonstruktionen setzen Sie nun ein und ziehen die Muttern an.

9. Vor Ihnen liegen die komplett montierten Giebelseiten. Richten Sie diese auf und stellen Sie sie auf das vorbereitete Fundament. Sie können die Giebel mit Latten abstützen, die Sie mit einer kräftigen Schnur festbinden.

10. Zur Montage des Firstprofils setzen Sie in die vorgebohrten Löcher je zwei Hammerkopfschrauben ein und ziehen die Muttern leicht an. An die Innenseiten der Giebel stellen Sie zwei Stehleitern.

11. Sie und Ihre Helferin oder Ihr Helfer steigen auf die Leitern und setzen das Firstprofil ohne zu verkanten auf die Hammerkopfschrauben auf. Dazu heben Sie die Schrauben von unten leicht an. Anschließend werden die Muttern angezogen.

12. Jetzt können Sie sich schon ein Bild davon machen, wie Ihr Glashaus in wahrer Größe aussehen wird.

13. Anschließend werden die beiden Traufprofile mit der integrierten Dachrinne sowie die beiden längeren Sockelprofile montiert. Beachten Sie, daß Sie vor der Montage in die Traufprofile die Halterungen für die Fensteraussteller einsetzen. Legen Sie die Traufprofile so zurecht, daß die Wasserablaufstutzen da liegen, wo später die Regentonne stehen wird. Jetzt setzen Sie oben in die Eckpfostenprofile die Hammerkopfschrauben ein und ziehen die Muttern leicht an. Die Traufprofile werden eingeführt und die Muttern festgezogen. Ebenso verfahren Sie unten an den Eckpfostenprofilen mit den Sockelprofilen.

14. Diese Abbildung zeigt den Baufortschritt. Jetzt können Sie die Stützen wieder entfernen. Setzen Sie das Aluminiumgerüst auf das Fundament und richten Sie es genau aus. Das Haus muß genau senkrecht und waagrecht stehen, alle Profile müssen genau zusammenpassen. Es dürfen keine Spalten entstehen. Jetzt ziehen Sie alle Muttern endgültig fest.

9

10

11

Arbeitsanleitungen

Das Glashaus ist in den Übergangszeiten als Wohnraum nutzbar.

12

13

14

15

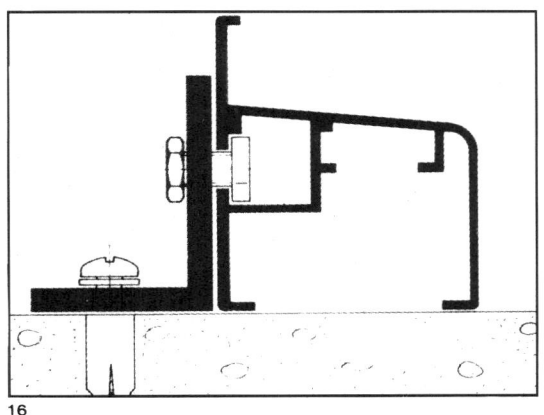

16

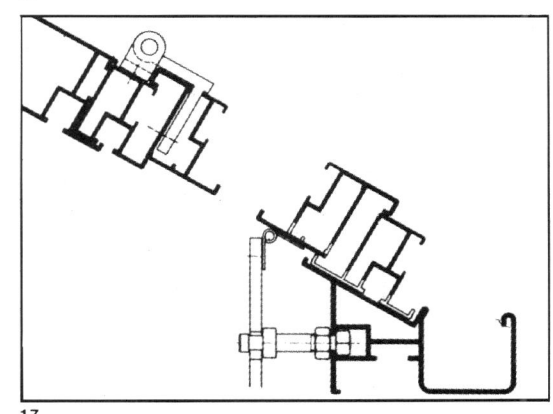

17

18

19

20

15. Das Traufprofil mit der integrierten Dachrinne wird mit einer Hammerkopfschraube an der Stirnseite gesichert. Ziehen Sie die Mutter fest an.

16. In die Sockelprofile schieben Sie nun die Hammerkopfschrauben ein und befestigen den Befestigungswinkel. Mit 8-mm-Dübel und verzinkten 5 × 50-Rundkopfschrauben verdübeln Sie Ihr Glashaus. Legen Sie passende Beilagscheiben unter.

17. Die vormontierten Fensterflügel verschrauben Sie mit Hilfe der rechtwinkligen Eckwinkel mit den Blendrahmenprofilen. Das Fenster wird in die Dachschräge eingelegt, die Flügel unten angehoben. Sie verschrauben die Fenster mit Hammerkopfschrauben.

18. Die Sprossen der Seitenwände legen Sie so bereit, daß die abgeschrägte Schnittkante nach unten, die gerade nach oben zeigen wird. Mit Hammerkopfschrauben werden die Sprossen mit dem Trauf- und mit dem Sockelprofil verschraubt. Nun legen Sie die Profile für die Dachschräge bereit. Die abgeschrägte Schnittkante muß zur Dachrinne zeigen. Verschrauben Sie die Dachsprossen mit dem First- und dem Traufprofil.

19. In die vormontierte Tür bauen Sie nun das Fallenschloß ein, schrauben die Rosetten fest und montieren die Drückergarnitur.

20. Von den Vorlegebändern ziehen Sie auf einer Seite vorsichtig die Folie etwa 30 cm ab und kleben es in den Glasfalz des Aluminiumprofils ein. Die Scheiben legen Sie nun vorsichtig in den Glasfalz ein, und zwar so, daß die Scheibe gleichmäßig auf dem Vorlegeband aufsitzt. Gehen Sie sorgfältig vor, denn besonders bei den Seitenwänden besteht die Gefahr, daß die Scheiben zu Bruch gehen oder verkratzen.

Die mitgelieferten Edelstahlfedern klipsen Sie in den Glasfalz im Abstand von 30 cm ein. Legen Sie nun die Klammern auf die Scheibe, so daß die beiden kleinen Füßchen hinter der Scheibenkante sind. Mit einer Hand halten Sie die Klammer fest, mit der anderen drücken Sie die obere und die untere Feder in die Nut des Aluprofils. Damit ist Ihr Glashaus fertig. Sie können jetzt für das Gewächshaus noch Tische und Regale aus Aluminium montieren.

Blick von oben in den Wintergarten

1

Eine Glashaube für den Treppenaufgang

Material

Holz, Aluminiumprofil, Verbundsicherheitsglas, Fensterglas, Dichtungsmittel, Fenster- und Türbeschläge, Holzschutzmittel, Schrauben, Holzleim, Silikon-Dichtungsmasse, Gummischlauch.

Werkzeug

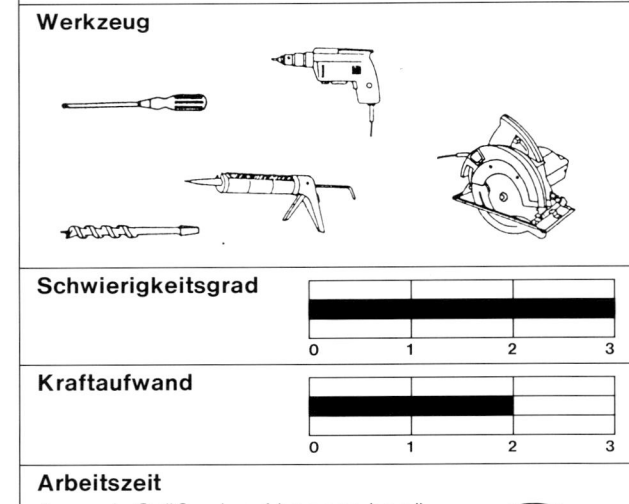

Schwierigkeitsgrad

0	1	2	3

Kraftaufwand

0	1	2	3

Arbeitszeit

Je nach Größe des Abgangs benötigen Sie 40 bis 50 Stunden.

Ersparnis

Mit der Eigenleistung können Sie zwischen 2000 DM und 4000 DM sparen.

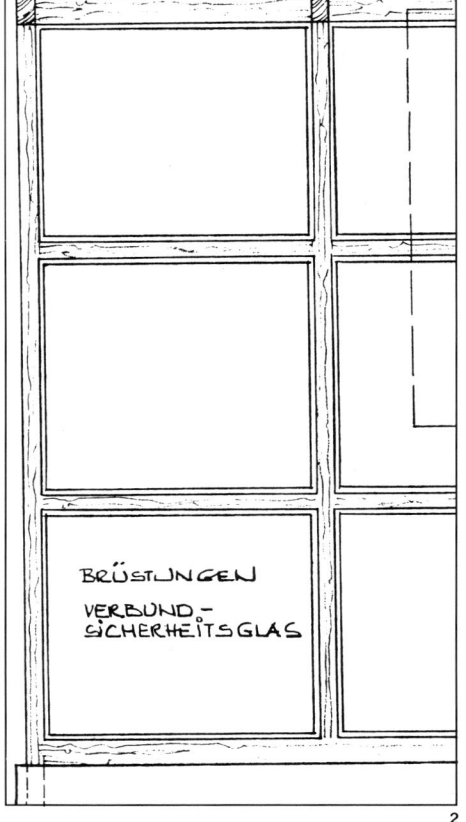

BRÜSTUNGEN

VERBUND-SICHERHEITSGLAS

2

Eine optische Aufwertung erfährt Ihr Haus, wenn Sie sich entschließen, den Kellertreppenabgang mit einer Glashaube zu überdachen. Der naturnahe Baustoff Holz wird immer mit der Umgebung harmonisieren. Lasuren gleichen den Anbau an die Fenster an.

Arbeitsanleitung

1. In den meisten Fällen führen Treppen aus dem Keller in den Garten und werden nur selten benutzt. Eine Überbauung in Form einer geschlossenen Glashaube könnte hier zusätzlich Platz für Pflanzen schaffen und darüber hinaus als Wärmepuffer dienen. Dieser ist besonders im Winter von Vorteil, gerade dann, wenn in die Ausführung ein oder auch mehrere Fenster des darüberliegenden Wohnraums mit einbezogen werden können.

2. Die gesamte Konstruktion, zu deren Ausführung vom Schreiner bereits fertig zugeschnittenes und gehobeltes Fichtenholz verwendet wird, ist in nahezu quadratische Felder aufgeteilt. Diese werden aus gutem Grund gewählt: In Höhe des ehemaligen Handlaufs muß aus Sicherheitsgründen wieder ein Querstück vorhanden sein, um den unteren Bereich mit Verbundsicherheitsglas verglasen zu können, das die Geländerstäbe ersetzt.

3. Die gesamte Rahmenfront wird aus Vierkanthölzern zusammengebaut, wobei die Verbindung der Rahmenteile zu Ihrer Arbeitserleichterung bereits vom Schreiner durch Schlitz und Zapfen hergestellt werden kann.

Die Glashalteleisten werden erst nach dem vollständigen Aufbau des Holzrahmens eingepaßt und außen durch wasserfesten Leim und zusätzliche Holzschrauben befestigt.

4. Bei der Herstellung von Schlitz- und Zapfenverbindungen ohne Hilfe des Schreinermeisters sollte unbedingt darauf geachtet werden, daß die Schlitze in rechtem Winkel gebohrt werden, da sonst beim Aufnehmen des Zapfholzes rechtwinklige Verbindungen nicht mehr zu erreichen sind. Die Holzkonstruktion wird zwangsläufig nicht haltbar sein.

5. Dasselbe gilt natürlich auch für das Aussägen der Zapfen. Hier muß außerdem noch beachtet werden, daß

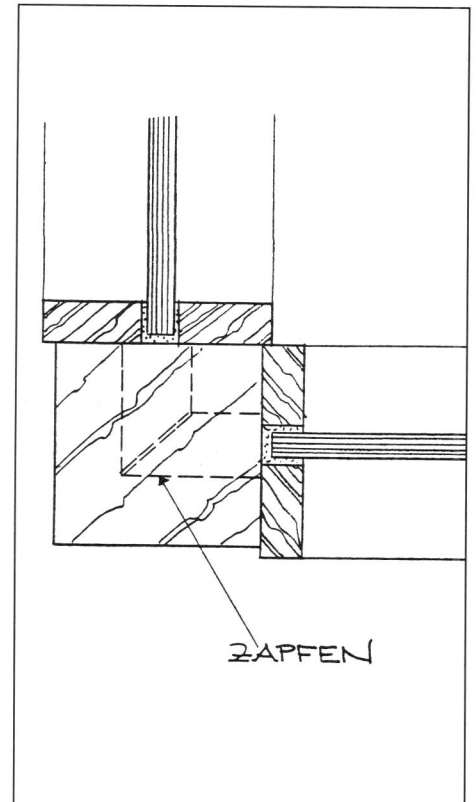

3

4

Arbeitsanleitungen

95

5

A
B
MAUER
C

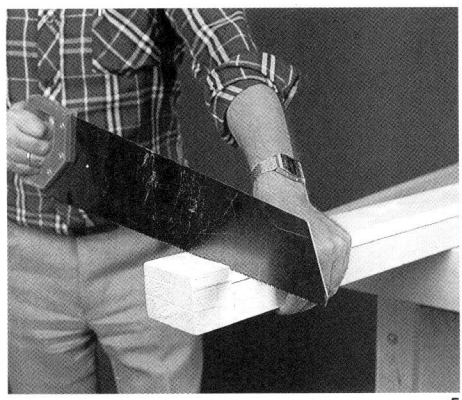

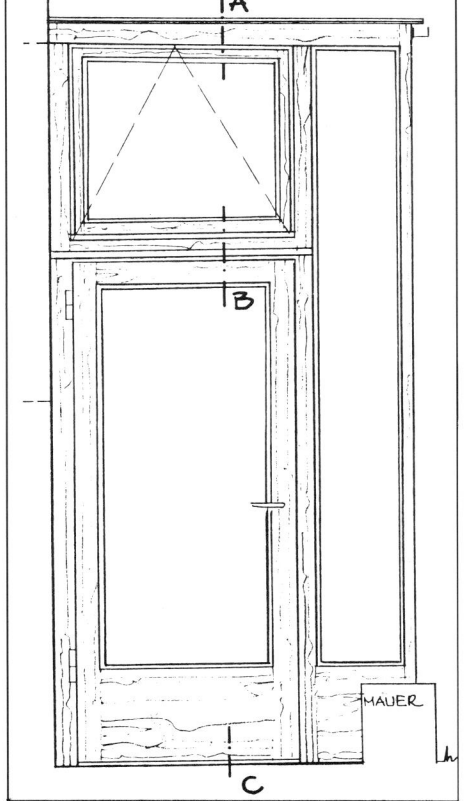

6

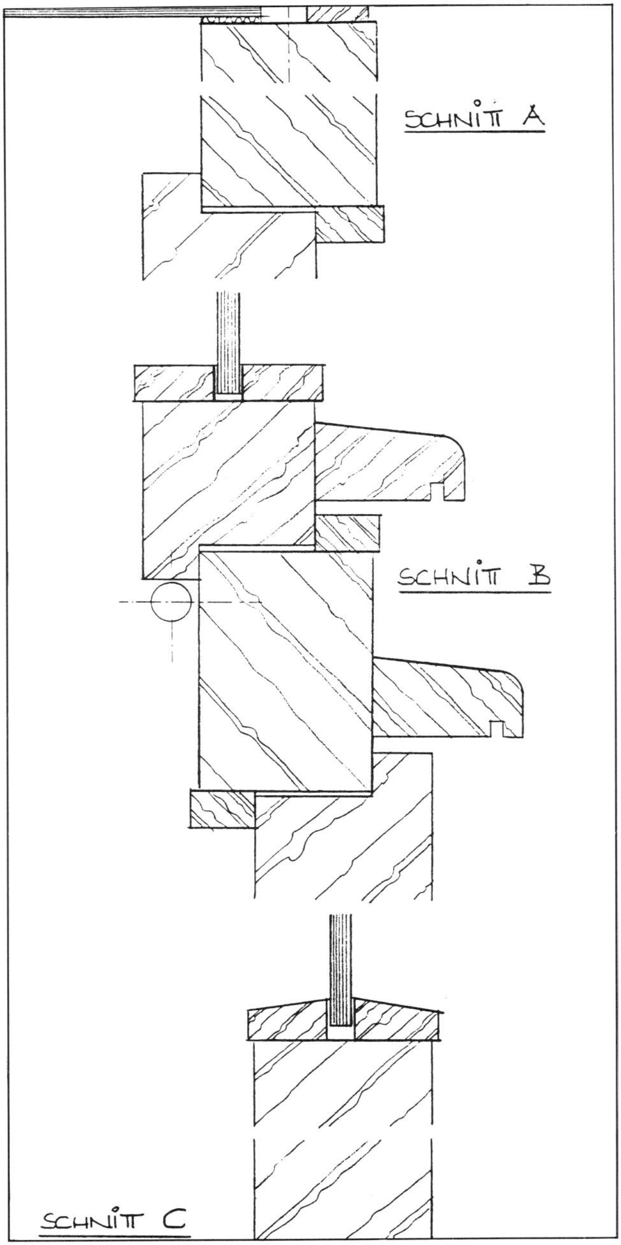

SCHNITT A
SCHNITT B
SCHNITT C

7

die Zapfen nur so lang werden dürfen, daß sie vollständig in den Schlitz eingeführt werden können. Sonst ist entweder ein nahtloses Anstoßen der beiden Verbindungsteile nicht möglich oder die Verbindung sitzt nicht fest genug.

6. Um an heißen Tagen für eine ausreichende Lüftung sorgen zu können, werden über der Eingangstür und an den Längsseiten Kippflügel angebracht.

Diese Flügel können problemlos auch einmal offengelassen werden, wenn Sie tagsüber nicht zu Hause sind.

Die Buchstaben in der Zeichnung verweisen auf Detailausschnitte der Abbildung 7, die alle wichtigen Einzelheiten des Glashaubenaufbaus darstellen.

7. In Schnitt A ist der Anschlag des Fensters dargestellt. Neben dem eingefrästen Fensterrahmenfalz bildet eine aufgeleimte und zusätzlich verschraubte Leiste am Dachbalken einen weiteren Anschlag. Auf diese Weise entsteht ein Doppelanschlag, wie er bei allen anspruchsvollen Fensteröffnungen üblich ist.

In Schnitt B ist der »Kämpfer« zu sehen, jener Teil, der als Anschlag sowohl für das darüberliegende Fenster als auch für die darunterliegende Tür fungiert. Während sich jedoch das Kippfenster nach innen öffnet, muß die Tür nach außen zu öffnen sein, wenn der Treppenabgang sich sofort anschließt.

Auch beim »Kämpfer« werden Leisten für einen Doppelanschlag angebracht. Wegen der unterschiedlichen Öffnungsseiten liegen sie sich gegenüber.

In Schnitt C wird dargestellt, wie die untere Abdichtung der Tür ausgeführt wird. In der Ebene des Türrahmens wird zwischen den beiden senkrechten Türpfosten im Boden ein Aluminiumprofil angedübelt, gegen das die mit einem Falz versehene Tür schlägt.

Um wirkungsvoll Zugluft zu vermeiden, könnte zur Abdichtung hier im Falzbereich noch zusätzlich ein klebbares Dichtband angebracht werden, wie es überall im Fachhandel erhältlich ist.

8. Als Scharniere werden sogenannte Einbohrbänder verwendet, die wegen ihres problemlosen Einbaus in letzter Zeit immer häufiger zu finden sind. Ein weiterer Vorteil liegt in der einfachen Lagerkorrektur. Falls sich

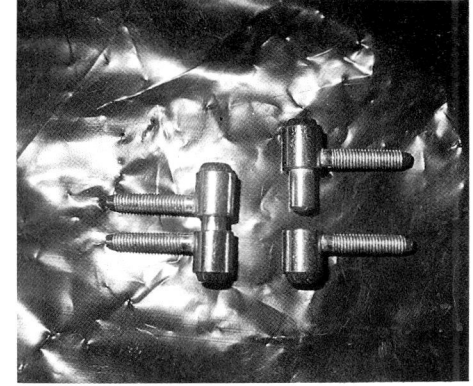

8

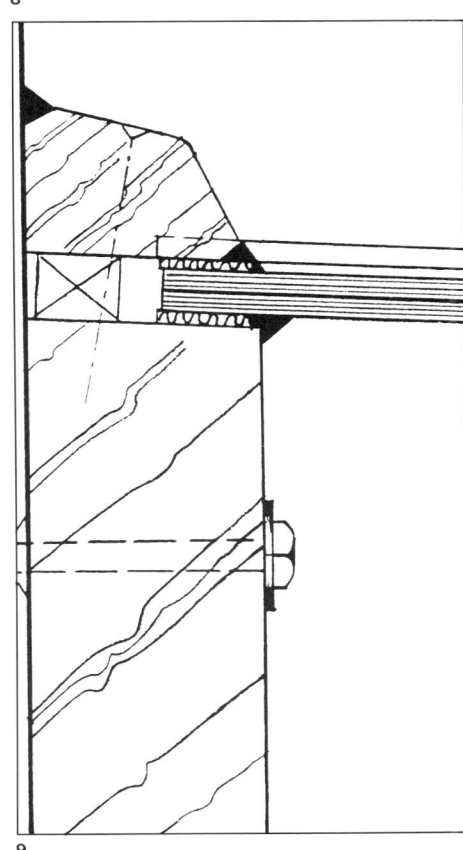

9

Arbeitsanleitungen

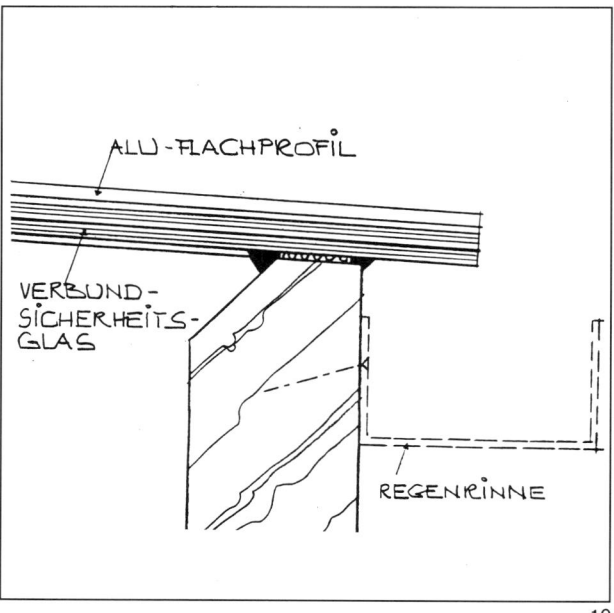

ALU-FLACHPROFIL

VERBUND-
SICHERHEITS-
GLAS

REGENRINNE

10

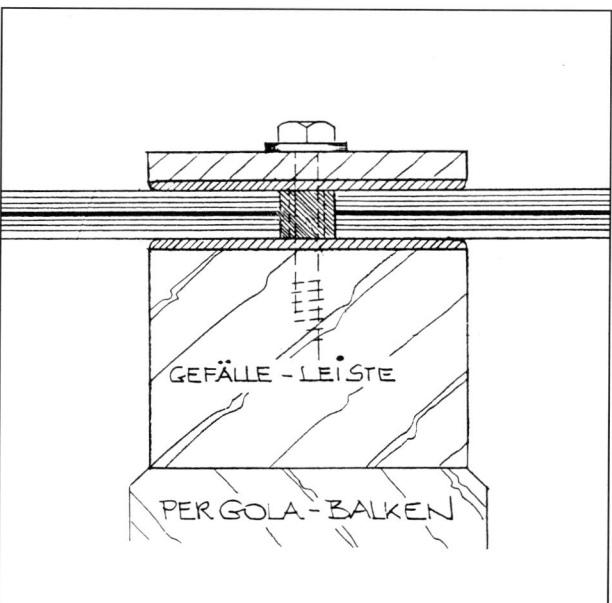

GEFÄLLE-LEISTE

PERGOLA-BALKEN

11

ein Türblatt einmal verzieht, müssen lediglich die Gewindezapfen, die die Halterung der Einbohrbänder bilden, so lange ein- bzw. ausgedreht werden, bis die Tür wieder im Falz anliegt und präzise schließt. Genaue Montageanweisungen liegen auf jeden Fall der Verpackung von Einbohrbändern bei.

9. Für den Hausanschluß wird in entsprechender Höhe ein Holzträger verdübelt, der an der Wandseite als Auflagefläche für die Dachverglasung dient.

Eine abgeschrägte und gegen Feuchtigkeit imprägnierte Holzleiste bildet die obere Abdichtung und soll verhindern, daß Wasser in den Bereich zwischen Glas und Holzträger eindringt.

Da die Holzleiste mit Schrauben im Holzträger verankert wird, benötigt man zusätzlich eine dazwischenliegende Abstandsleiste. Die Verglasung wird beidseitig auf einem Dichtband gelagert. Alle Eckkanten der Anschlußteile müssen mit Hohlkehlen aus Silikon-Dichtungsmasse versiegelt sein.

10. An der Traufe steht das Dachglas so weit über, daß der Regen problemlos in eine Regenrinne ablaufen kann. Um zu starke Aufheizung und damit eventuelle Spannungen im Glas, die zu Sprüngen führen, zu vermeiden, wird die Auflage durch Abschrägen der Senkrechtstützen verringert und zusätzlich hellfarbiges Auflagedichtband verwendet.

Eine Regenrinne ist nicht unbedingt nötig, verhindert aber, daß sich bei stärkerem Regen ein Wasserschleier an der senkrechten Glasfront bildet.

11. Für die Dachverglasung der Glashaube, die auf 60 mm breiten Sparren ruht, müssen Sie unbedingt Verbundsicherheitsglas verwenden. Preiswerteres Draht-glas darf über Kopf nur bis zu einer Spannweite von 70 cm eingesetzt werden.

Die Glasscheiben liegen auf 60 mm breitem Dichtband auf. Bei der Verschraubung einge-legte Abstandhalter hindern die Scheiben da-ran, an der Schraube zu reiben. Als Abstandhal-ter genügen einfache Gummischlauchstück-chen, die sich in jedem Haushalt finden, oder vergleichbares. Als obere Abdeckung sind kochfeste Sperrholzstreifen mit dem gleichen Dichtband aufgeschraubt.

12. So präsentiert sich der fertige Glasüberbau, bei dem nun jedoch noch alle Rahmen- und Fensterteile sorgfältig gegen Witterungseinflüs-se geschützt werden müssen.

Dies geschieht hier am besten durch das zwei-malige Streichen mit offenporiger Lasur. Um ein gutes Langzeitergebnis zu erzielen, sollten da-bei die Verarbeitungshinweise des gewählten Anstrichprodukts genauestens beachtet wer-den. Dies gilt besonders für die Sauberkeit des Untergrunds, der staub- und fettfrei sein muß, und ebenso für die Einhaltung der Ver-arbeitungstemperatur.

Bei der Auswahl des Farbtons greift man am besten auf bereits am Haus vorhandene Holz-anstriche zurück, dann wird sich der neue An-bau auch optisch sehr gut einfügen. Der Fach-handel bietet eine reichhaltige Auswahl an Far-babstufungen für alle offenporigen Lasuren an.

Auch die Regenrinne muß noch montiert wer-den, wobei zu beachten ist, daß eine leichte Neigung vorhanden ist, ebenso ein Wasser-schenkel über der Eingangstür, damit hier kein Wasser eindringen kann. Die Tür und die schmale Scheibe daneben sind mit Verbundsi-cherheitsglas verglast: einmal als Verletzungs-schutz und zusätzlich als wirksamer Einbruch-schutz.

1

2

3

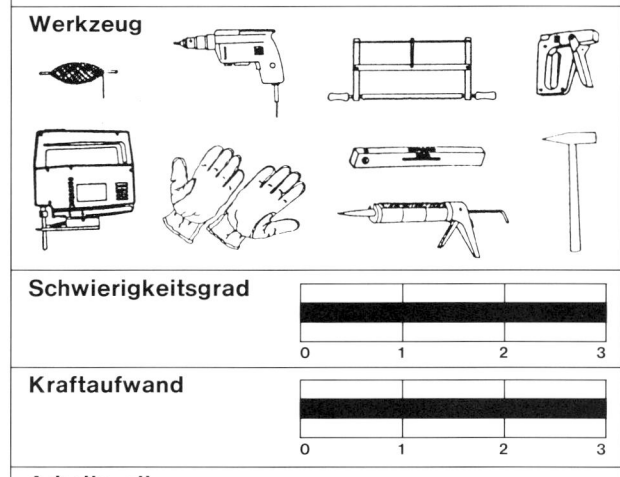

So entsteht ein Wintergarten als Wohnraum

Material

Wand-, Boden- und Deckenbaustoffe einschl. aller Verbindungsmaterialien, Dämmstoffe, Dachbaumaterial, Fenster und Türen, Wärmedämmisolierglas, Fliesenkleber, Fußbodenheizung, Markisen, Dichtungs- und Holzschutzmaterial.

Werkzeug

Schwierigkeitsgrad

0	1	2	3

Kraftaufwand

0	1	2	3

Arbeitszeit

Die Arbeitszeit bei einem vergleichbar großen Anbau beträgt mehrere Wochen.

Ersparnis

Bei diesem Bauumfang können durch Eigenleistung mehr als 16 000 DM eingespart werden.

4

Arbeitsanleitung

1. Eine große Terrasse kann durch geeignete Bebauung in den Wohnbereich integriert werden.

2. Bei zu großer Terrassentiefe ist aber eine herkömmliche Wintergartenkonstruktion nicht geeignet, weil oft nicht genügend Gefälle für das Dach möglich ist oder man eine sehr niedrige Traufe mit einem Erker für die Türen zum Garten in Kauf nehmen muß. Die Lösung ist in solchen Fällen ein Anbau mit einem Flachdach, in dem ein Dachaufsatz aus Glas ausreichend Licht und Sonnenenergie einläßt, unterstützt von der großen Glasfläche.

3. Das erste Baufoto zeigt nicht nur die seitlichen Wände, zu sehen sind auch noch zwei Fensteröffnungen im Sockel. Sie gehören zu dem Raum, der unter der Terrasse in einem Zuge mit entsteht. Die Fundamente werden in der Kellerebene gesetzt, die Wände hochgemauert und eine Betondecke daraufgelegt.

Einfacher aber ist es für Sie, ein Sockelfundament zu erstellen.

4. Die Wände wachsen schnell nach oben. Wenn man dazu große Gasbetonblöcke benutzt, die sich leicht verarbeiten lassen. Hier wird gerade ein Block mit einer normalen Bügelsäge für Holz auf Länge geschnitten. Wenn mit einem Winkel die Schnittlinie genau angezeichnet ist, fügt sich der gekürzte Stein exakt an den schon verlegten an.

5. Von Vermauern im herkömmlichen Sinne kann man bei Gasbeton nicht mehr sprechen. Dieses Material wird nämlich nur noch mit einem Dünnbettmörtel der Mörtelgruppe III nach DIN 1053 »zusammengeklebt«, so daß nur eine ganz dünne Fuge entsteht. Wie zu sehen ist, wird der Mörtel mit einer Zahnspachtel auf ein abgesägtes Stück aufgetragen, um die Ecke der oberen Lage zu schließen.

6. Aus Gründen der Statik muß die Gasbetonwand oben und an der vorderen Kante mit einem stabilisierenden Streifen aus armiertem Beton versehen werden. Gasbeton ist zu porös, um die punktförmige Belastung der später aufzubringenden Dachbalken aufnehmen zu können.

5

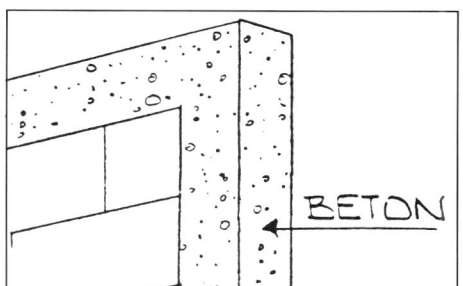

6

7

8

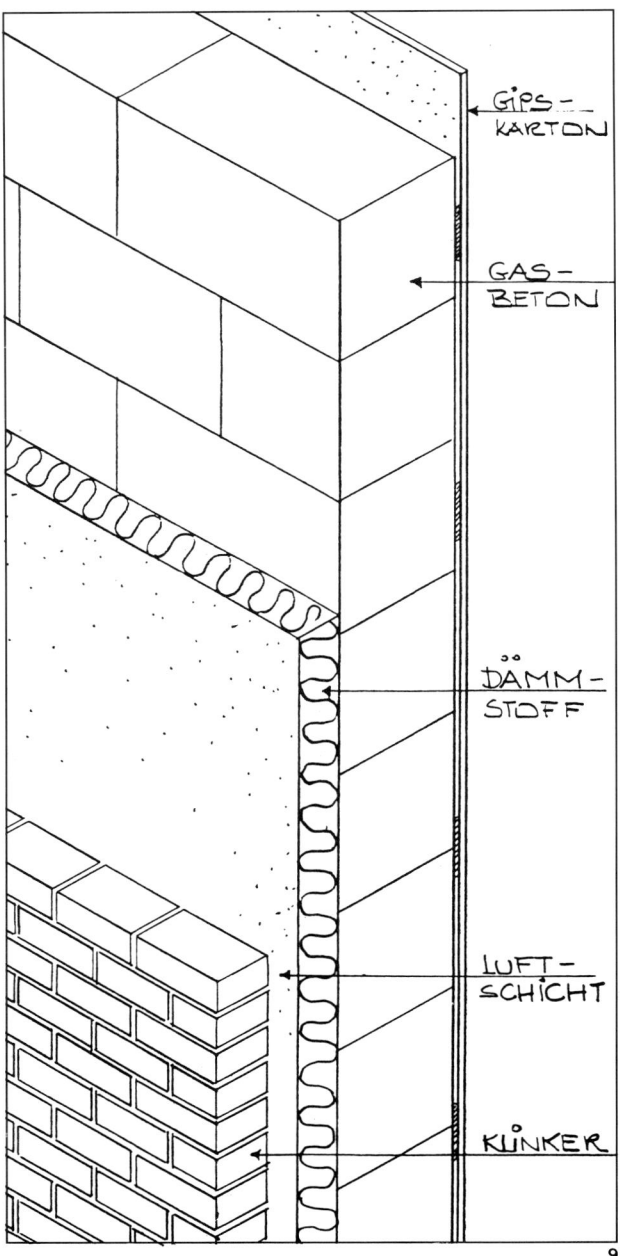

Gips-Karton
Gas-Beton
Dämm-Stoff
Luft-Schicht
Klinker

7. Was sich gut sägen läßt, ist auch einfach zu nageln. So macht es keine Schwierigkeiten, die 6 cm dicken Wärmedämmplatten außen an den Wänden zu befestigen. Die Außendämmung ist nach Möglichkeit immer der Innendämmung vorzuziehen, weil dadurch die Wände, als Speicherflächen genutzt, zu einem angenehmen Wohnklima beitragen. Zur Anbringung werden Spezialnägel mit einer großen Halteplatte benutzt; damit die doch relativ weichen Platten dauerhaft ihre Lage direkt an der Wand behalten.

8. Diese Dämmaterialien sind leicht und lassen sich mit normalen Schneidewerkzeugen auf Format bringen.

9. Der Schnitt zeigt den Aufbau der gesamten Außenwand. Den tragenden Kern bildet die Wand aus 50 × 25 cm großen Gasbetonblöcken. Davor nach außen sind die Wärmedämmplatten gesetzt. Jetzt kommt eine Luftschicht, bevor die halbsteinige Klinkerverblendung als Wetterschutz und dekoratives Element den Aufbau nach außen abschließt. Als innere Verkleidung der Wand ist kein normaler Putz, der viel Feuchtigkeit in den Bau bringen würde, vorgesehen. Es wird im Innenausbau soweit wie möglich mit Trockenbaustoffen gearbeitet.

10. Rustikale Klinker mit unregelmäßiger Oberfläche werden an der sichtbaren Außenseite vermauert. Wasserwaage und Richtschnur gehören unbedingt dazu, denn nur exakt verlegte Klinkerbahnen mit geraden und gleich breiten Fugen ergeben ein ansehnliches Gesamtbild. Bei genauem Hinsehen ist auch zu erkennen, daß in unregelmäßigen Abständen halbe Steine eingefügt sind, die zur weiteren Belebung der

9

Fläche beitragen, ohne sie unruhig wirken zu lassen. Bevor der Mörtel hart wird, muß er in den Fugen noch begradigt und, wo nötig, nachgefüllt werden. Achten Sie auf Luftschlitze unten und oben in der Klinkerwand, damit sie gut hinterlüftet wird.

11. Hier ist zu sehen, wie der Zimmermann die Dachkonstruktion aus 12 × 24 cm starken Balken eingebracht und die tragenden Stützen an der Südseite gesetzt hat. Diese Arbeiten werden von ungeübten Heimwerkern besser dem Können und der Erfahrung des Fachmannes überlassen.

12. Der Dachabschluß wird mit 28 mm starkem Rauhspund erstellt. Die Bretter nageln Sie am besten mit Schraubnägeln fest. Das ergibt eine sehr haltbare Verbindung.

13. Der Dachausschnitt wird mit einem Holzrahmen umkleidet, auf den zunächst die beiden Dreieckfenster an den kurzen Kanten gesetzt sind. Beide haben einen Kippflügel, damit bei starker Sonneneinstrahlung die überschüssige Wärme durch Querlüftung abgeleitet werden kann. Danach werden die Rahmen für die Schrägverglasung montiert. Den Bau des Rahmens müssen Sie Ihrem Schreiner überlassen. Nur er hat Spezialmaschinen, um qualitativ hochwertige Fenster zu fertigen.

14. Die Behandlung der Holzoberfläche mit offenporigem Holzschutz wird wieder in Eigenarbeit ausgeführt.

15. Jetzt ist das Dach einzudecken. Hier wird mit Bitumenbahnen gearbeitet, die sich bereits vielfach und dauerhaft bewährt haben. Aus Gründen der Sturmsicherheit wird zunächst aber sorgfältig eine Glasgewebe-Dachdichtungsbahn mit reißfester Trägereinlage auf die Holzschalung genagelt.

Auf diesen Untergrund kommt eine Lage Bitumeneinschweißbahn, die darauf aufgeschweißt wird. Die letzte Lage der Abdichtung bildet eine Bitumeneinschweißbahn mit brauner Beschieferung als Oberflächenschutz. Dieser Werkstoff wird vollflächig auf die Unterbahn aufgeschweißt, so daß die Dachabdichtung ganz aus hochwertigen Bitumenbahnen besteht, die sich durch eine hohe Lebensdauer auszeichnet.

10

11

12

13

14

15

16

17

16. Detaillösungen sichern ein dichtes Dach. Am Dachrand und am Aufsatzkranz des Dachfensters werden die Abdichtungslagen aus der Fläche hochgezogen und befestigt. Der Dachrand soll anschließend eine Abdeckung aus Kupfer erhalten.

17. Zur sicheren Wasserabführung sollte jede Dachfläche zwei Abläufe haben. Der hier eingeschweißte Dachablauf hat als Besonderheit einen 50 × 50 cm großen Klebeflansch aus einer Bitumenbahn, auf den die Lagen des Daches homogen und materialgerecht aufgeschweißt werden. Der Aufsatz verhindert, daß das Abflußrohr durch Laub verstopft wird.

18. Die Flachdachabdeckung ist fertig und dicht. Auf dem Holzrahmen ist schon der Winkel für das Isolierglas montiert.

Der wohl wichtigste Teil bei jedem Wintergarten ist der transparente Bereich, durch den nicht nur ausreichend Licht für Menschen und Pflanzen in den Raum gelangen soll, sondern durch den auch möglichst viel Sonnenenergie ins Innere kommt und dort zur Raumheizung möglichst lange bleibt. Einfachverglasung scheidet schon wegen der schlechten Wärmedämmeigenschaft (k-Wert = 5,8 aus.

Wenn der neugeschaffene Raum zum ständigen Wohnen bestimmt ist, unterliegt er der Wärmeschutzverordnung und muß in jedem Fall mit einer Doppelverglasung ausgestattet werden. Zur Auswahl steht normales Isolierglas mit einem k-Wert von 3,0 oder hochwertiges Wärmedämmisolierglas mit einem k-Wert von 1,5. Sicher reicht bei einem Anbau wie diesem das normale Isolierglas aus, mehr Heizkosten werden jedoch mit dem hauchdünn beschichteten Isolierglas gespart, und gleichzeitig ist das Behaglichkeitsgefühl in Fensternähe genauso wie an jeder anderen Stelle des Zimmers.

19. Im Schnitt durch die »Stufe« des Isolierglases ist zu sehen, wie sie die Verklotzung an dem Anschlagwinkel überdeckt und diesen Bereich vor Nässe schützt. Eine zusätzliche Versiegelung mit Silikon-Dichtungsmasse ist dennoch vorteilhaft.

20. Das Aufbringen der Unterlage für die Verglasung ist eine der einfachen Arbeiten. Die Neoprenprofile gehören zu einem Verglasungsklemmset mit Abdeckleisten, das jeder Glaser zusammen mit der Verglasung liefern wird. Verschiedene Ausführungen sind im Handel. Sie alle haben ein elastisches, druckfestes Unterprofil. Dies ist sehr wichtig, denn ein Vorlegeband – es wird bei der Fensterverglasung noch zu sehen sein – würde sich bei der Schrägverglasung vollkommen zusammendrücken. Scheibenbruch könnte durchaus die Folge sein.

21. Nachdem alle Unterprofile auf dem Rahmen festgetackert sind, werden die Isolierglasscheiben aufgelegt und an der unteren Winkelschiene geklotzt. Wenn erforderlich, lassen sich mit den Klötzen die Einheiten so genau ausrichten, daß sie allseitig gleichmäßig breit aufliegen und jetzt schon nicht mehr verrutschen können.

22. Das ist das Abdeck- und Klemmprofil aus Aluminium, in das Sie die dazugehörenden Dichtungen in die beiden vorhandenen Nuten eindrücken. Vorher oder auch danach müssen noch im Abstand von etwa 25 cm Löcher gebohrt werden, durch die Sie zur endgültigen Klemmung die Schrauben stecken. Eine im Profil vorhandene Mittelkerbe erleichtert das Fixieren der einzelnen Bohrstellen.

23. Auf diesem Bild ist zunächst an den unteren waagrechten Kanten ein silbriger Streifen zu sehen, der mit Abstand von der Glaskante des Stufenisolierglases in 18 mm Breite nach einem Spezialverfahren im Herstellerwerk des Isolierglases aufgebracht wurde. Er ist unlösbar mit der Glasoberfläche verbunden, trägt nicht auf und dient dazu, den an dieser Kante sonst sichtbaren Randverbund des Isolierglases abzudecken und vor UV-Strahlen zu schützen.

Diese könnten die verwendeten Kleber angreifen und zu Undichtigkeiten und zum Beschlagen der Einheiten im Inneren führen. Nur wenn bei der Isolierglasherstellung UV-beständige Verbindungsmaterialien, die immer mehr im Kommen sind, verwendet werden, kann auf diesen Abdeckstreifen verzichtet werden. Es gibt auch Konstruktionen, bei denen die untere Glaskante mit einem Querprofil überdeckt und vor UV-Strahlung geschützt wird. Dieses hat aber den großen Nachteil, daß

18

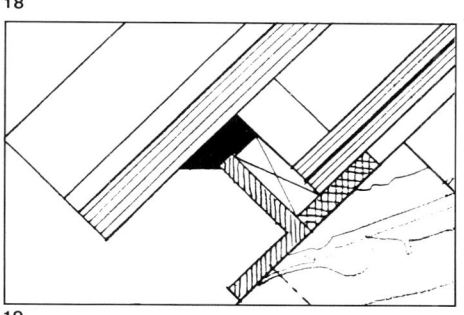

19

20

21

22

23

24

vor dem Profil Wasser stehenbleibt und eine ständige Gefahr für die im Dach so wichtige Dichtigkeit besteht.

An den senkrechten Kanten sorgt das Abdeckprofil, das gerade aufgelegt wird, für eine gute und dauerhafte Abdichtung, die noch durch eine innere Versiegelung an den Auflageprofilen mit Silikon-Dichtungsmasse erhöht werden sollte. Denn falls doch einmal an einer Stelle, die dann meist nicht einfach auszumachen ist, Feuchtigkeit eingedrungen ist, kann sie nur nach außen abgeleitet werden. Dazu ist es unbedingt notwendig, vorher in die unteren Anlagewinkel im Bereich der senkrechten Klemmprofile Löcher zu bohren, durch die Wasser und im Befestigungshohlraum auftretendes Kondensat ungehindert abfließen kann.

Sind alle diese Punkte berücksichtigt, werden Sie lange Freude an Ihrem dichten Glasdach haben.

24. Mit Edelstahlschrauben und Dichtungsscheiben werden die Dicht- und Klemmprofile mit der Holzunterkonstruktion verschraubt. Die Dachverglasung liegt danach unverrückbar fest.

25. Das ist der Endabschluß der Dachverglasung. Da hier nur eine Isolierglaseinheit zu klemmen ist, wird an der Kante eine gleichdicke Leiste aufgeschraubt, auf der das Klemmprofil sitzt und abdichtet.

26. Das obere Abdeckprofil läuft über die gesamte Glasdachbreite und ist mit versenkten Schrauben montiert, weil danach dort noch eine Kupferabdeckung aufgesetzt wird. Die jetzt noch offenen Stirnenden werden nach dem Abschneiden der Dichtprofile mit Silikon-Dichtungsmasse versiegelt.

27. Der Dachaufsatz ist fertig verglast. Die unteren Kanten des Stufenisolierglases sind frei, so daß Regenwasser ohne zu stauen ablaufen kann. Wenn der Dachfirst von Norden nach Süden liegt, wird die Morgen- und Abendsonne wegen der optimalen Schräglage des Glases viel Energie bringen. Bei hochstehender Sonne dagegen wird mehr reflektiert.

28. Die Balkenkonstruktion der Frontseite wird nun mit einem offenporigen Holzschutzmittel mehrfach gestrichen, damit diese »Lastträger« lange ihre Aufgabe erfüllen können.

25

26

27

28

29

30

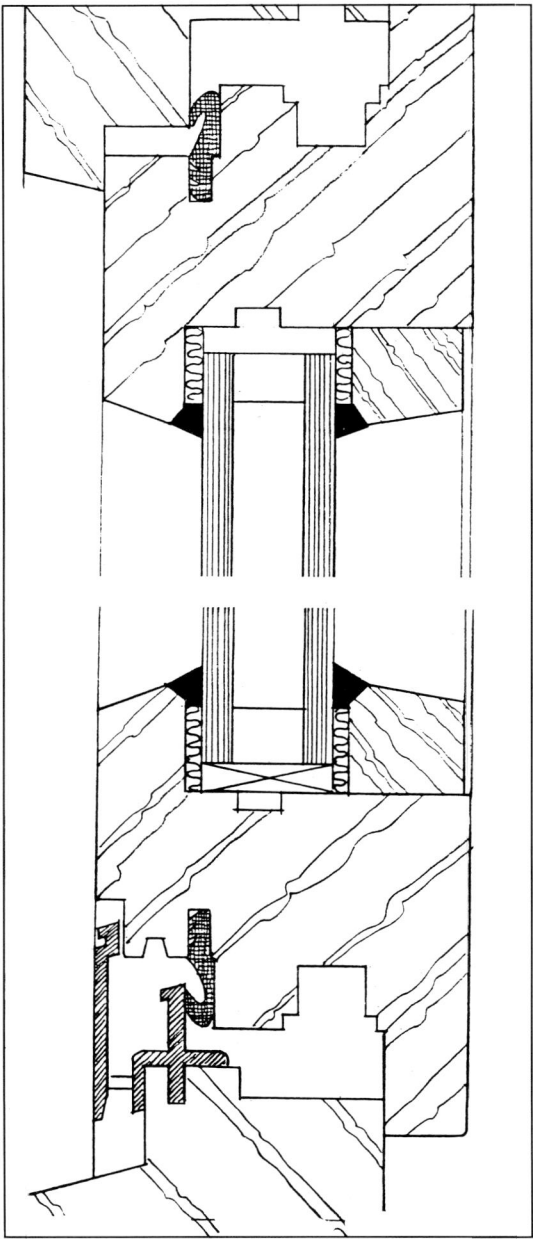

29. Auch das ist wichtig: Die Fenster, wie der Dachaufsatz aus bereits genannten Gründen von einer Fachfirma auf Maß angefertigt, werden an allen Flächen und Kanten mit Holzschutz behandelt. Wer dies nach Herstellerangabe beim erstenmal gründlich macht und nicht mit dem Material spart, hat erst einmal einige Jahre Ruhe, bis ein Nachstreichen erforderlich wird.

30. Die so vorbehandelten Fenster werden nun von innen gegen die Stützen gesetzt. Ein Schaumstoffstreifen auf dem Blendrahmen garantiert einen ausreichenden Abstand, damit die Fuge zwischen Fenster und Stütze versiegelt werden kann.

Wie bereits beim Dachaufsatz verwenden Sie hochwertiges Wärmedämmglas mit Edelmetallbeschichtung.

Da alle Fenster bis zum Boden durchsichtig verglast werden, im Brüstungsbereich aber kein Geländer oder Gitter sein soll, wird eine Scheibe der Isolierglaseinheit mit Verbundsicherheitsglas ausgestattet. Die gleiche Glaskombination bekommen die beiden Türflügel.

31. Der senkrechte Schnitt durch das Fenster offenbart das Innenleben mit zweifachem Falz und zusätzlicher Dichtung.

32. 12 cm dick sind die Wärmedämmplatten, mit denen die gesamte Dachfläche gegen Wärmeverlust versehen werden soll. Interessant und praktisch ist das Format dieser Platten. Sie sind nicht wie gewohnt rechteckig. Findige Köpfe sind darauf gekommen, daß mit Dreiecken sehr viel einfacher, schneller und mit weniger Verschnitt die unterschiedlich großen Felder zwischen den Sparren auszufüllen sind. Hier wurden zwei Dreiecke so zusammengelegt, bis sie genau der zu dämmenden Feldbreite entsprachen. Da die Keile ungleichschenklig sind, lassen sich nahezu alle am Bau üblichen Formate damit erzielen.

31

33. Die vorstehenden Spitzen werden mit einem langen scharfen Messer abgeschnitten. Wer es freihändig nicht schafft, sollte zur Sicherheit ein kurzes Richtscheit oder einen Winkel als Anschlag für das Messer benutzen und so sauber schneiden.

34. Beim Einsetzen in die Sparrenfelder wird das Prinzip noch einmal deutlich. Wichtig ist es, die Teile ganz stramm einzupassen und an den Stößen auf Dichtigkeit zu achten.

35. Die Dachdämmung ist fertig. Es hat nur wenige Stunden gedauert und keinerlei Probleme gegeben.

Wenn bei der Realisierung einer Baumaßnahme aus Kostengründen möglichst viele Arbeiten selber gemacht werden sollen, werden immer solche Tätigkeiten bevorzugt werden, bei denen nicht unbedingt besondere Geschicklichkeit und Erfahrung mit dem zu verwendenden Material nötig sind. Vielfach fehlen auch die erforderlichen Geräte, um eine fachgerechte Ausführung sicherzustellen.

Denken wir nur an das Verputzen der Innenwände, das jetzt ansteht. Sicher gibt es nur wenige Heimwerker, die sich an diese Arbeit herantrauen und mit Kelle und Reibebrett richtig umgehen können. Eine Menge Feuchtigkeit würde außerdem dabei in den bisher trockenen Bau gebracht werden. Eine entsprechende Trockenzeit wäre einzuplanen.

Wieviel einfacher ist da doch die Nutzung von Fertigelementen, die teilweise zwar etwas teurer sind, aber auch dem Nichtfachmann die Möglichkeit geben, erstklassige Ergebnisse zu erzielen. Die Gipskartonplatte als innere Wandverkleidung ist ein solches Element und wird deshalb auch bei diesem Anbau zur Anwendung kommen.

Zuvor muß noch der Elektriker am Werk alle Leitungen verlegen, die unter den Platten verschwinden sollen. Den Einbau der Unterputzdosen kann der Bauherr übernehmen, das Anschließen der Leitungen aber nur dann, wenn er in solchen Arbeiten geübt ist.

36. Beim Blick zur Decke ist ein weiterer Baufortschritt zu sehen: Unter die Dämmplatten wurde eine Folie gespannt, die als Dampfsperre verhindert, daß Feuchtig-

32

33

34

35

Arbeitsanleitungen

36

37

38

39

keit in den Dämmstoff eindringt und die Wirkung vermindert.

Vor dem Ansetzen der ersten Gipskartonplatte, von Fachleuten »GK-Platte« abgekürzt genannt, wird an der unteren Kante mit einem Brett die Höhe des Fußbodens festgelegt. In diesem Randbereich ist keine Platte erforderlich. Wie im Bild zu sehen, ist die erste GK-Platte schon an die Wand »geklebt«. Die nächste liegt flach auf dem Boden und wird ringsum sowie noch einmal in der Mitte mit sehr geschmeidig angesetztem Gipsklebemörtel versehen, der sich beim Ansetzen der Platte an die Wand allen Unebenheiten anpaßt.

37. An der Wand im Hintergrund sind die Elektrokabel zu sehen, für die eine entsprechende Unterputzdose einzusetzen ist. Mit einem entsprechend großen Kreisschneider in der Bohrmaschine wird zunächst von der einen Seite bis etwa zur Plattenmitte gebohrt, die Platte dann umgedreht und der Kreis von der anderen Seite vollendet. Der Bohrer in der Mitte des Kreisschneiders dient als Führung.

38. Mit Hilfe eines raumhohen, geraden Brettes muß kontrolliert und sichergestellt werden, daß die Platte nicht ausbaucht und daß sie unbedingt in gleicher Fläche mit der ersten liegt.

39. Die Überprüfung der Senkrechten ist von gleicher Wichtigkeit, denn es soll ja eine in allen Richtungen gerade und lotrechte Fläche entstehen.

40. Am Wandende muß die dort anzusetzende Platte vielfach auf die notwendige Breite geschnitten werden. Das ist ganz einfach. Man braucht dazu nur ein gerades Richtscheit und ein scharfes, spitzes Messer. Der erste Schnitt, mit dem die Kartonfläche der hellen Vorderseite durchtrennt wird, markiert die Linie, wo die Platte gebrochen werden soll, um dann als Endteil eingesetzt zu werden.

41. Die GK-Platte ist auf die Vorderseite gelegt, an der Schnittlinie angebrochen und nach hinten gekippt worden. Jetzt braucht in der Knickstelle nur noch die Kartonrückseite durchtrennt zu werden, und die benötigte Breite können Sie wie schon zuvor beschrieben an die Wand setzen.

Arbeitsanleitungen

40

41

42

43

44

45

46

47

48

49

42. Es genügt nicht, nur die Plattenrundungen an den Stoßstellen auszufüllen und zu begradigen. Die Plattenstöße müssen Sie unter Einarbeitung eines Vliesstreifens zur Verhinderung von Rissen ausspachteln.

43. Da die Kartonoberflächen der GK-Platten sehr saugfähig sind, müssen sie grundiert werden. Soll tapeziert werden, dann mit einem Sperrgrund, ist wie hier Putz vorgesehen, dann mit einem lösungsmittelfreien Putzgrund.

44. Mit einem Rührstab in der Bohrmaschine wird der Edelreibeputz angesetzt und durchgearbeitet. Die Bezeichnung 2,8 auf der Verpackung gibt die darin enthaltene Korngröße an, von der die Struktur bestimmt wird.

45. Hat der Mörtel die richtige Konsistenz, wird er mit einem Stahlglätter in dünner Lage auf die Wand aufgetragen. Dabei arbeitet man von unten nach oben und achtet auf gleichmäßige Dicke, um beim Abreiben nicht so viel Material verteilen zu müssen.

46. Durch die Dachbalkenkonstruktion ist beim Dekkenausschnitt für das Glasdach ein senkrechter Bereich entstanden, der wärmegedämmt und verkleidet werden muß. Unter dem gut erkennbaren Kippflügel im Glasgiebel zeigt das linke Gefach die von außen über der Tür angesetzte Verbretterung aus Zedernholz, die mit Hinterlüftung montiert wird. In den Feldern sind wie in der Decke die keilförmigen Dämmplatten so zugeschnitten, daß sie die Gefache strammsitzend ausfüllen.

47. Die Decke geht ihrer Vollendung entgegen und läßt schon im erst halbfertigen Zustand erkennen, wie edel der Zusammenklang von naturhellen und gebeizten Hölzern wirkt. Um das zu erreichen, werden unter die sägerauhen Dachbalken gehobelte, geschliffene und dunkel gebeizte Leisten gesetzt. Sie bilden den Anschlag für die waagrecht verlaufende Verbretterung der Lichtöffnung aus weißlasiertem Hemlockholz.

Die Decke besteht aus der gleichen Holzart. Die Bretter werden in Länge der Sparrenabstände vorbereitet und mit Profilholzkrallen montiert. Dazu ist erforderlich, seitlich an die Sparren Leisten zu nageln, auf denen die Befestigung erfolgen kann. Das Annageln der Haltebleche wird hier mit einem Hammer gezeigt und ist auch

curchaus in dieser Form zu bewerkstelligen. Da die Trageleisten – und das ist auch bei vielen anderen Unterkonstruktionen von Verbretterungen so – leicht vibrie-
ren, ist die Montage mit Schrauben unter Einsatz eines
Schraubers mit magnetischer Schraubenhalterung eine
erprobte und empfehlenswerte Alternative.

48. Und so beginnt die Ausstattung des Bodens. Beim
Ansetzen der Gipskartonplatten an die Wände wurde
schon auf die Bodenfreiheit hingewiesen, die, wie bei
jedem schwimmenden Estrich, gebraucht wird, um einen umlaufenden Dämmstreifen anzubringen. Er verhindert Schallübertragung und schützt ebenso vor Wärme-
verlusten.

49. Mit einer Folie, die am Rand über den Dämmstreifen nach oben gezogen ist, wird der Betonboden abgedeckt.

50. Als Ausgleichsschicht ist ein Unterboden vorgesehen. Er besteht aus einer Trockenschüttung, mit der zunächst in schmalen Streifen die einzubringende Höhe fixiert wird. Auf diese Streifen legt der Verarbeiter Bretter
genau in Waage, um darauf weiterzuarbeiten.

51. Die Trockenschüttung wird auf die Fläche zwischen
den Streifen gegeben und mit einer Richtlatte durch
wiederholtes Verschieben nach rechts und links waagrecht abgezogen.

52. Auf die Schüttung kommen dann 9,5 mm dicke
Gipskartonplatten. Sie werden lose auf dem ebenen
Untergrund verlegt und an den Fugen nur stumpf ohne
Verbindungsmittel gestoßen. Sie sind als planebene
Fläche notwendig, um darauf das Flächenheizsystem
aufbauen zu können.

53. Die einfachste Lösung ist es, wenn der Heizkreisverteiler der Fußbodenheizung an die vorhandene
Heizanlage angeschlossen werden kann. Fragen Sie
der Heizungsfachmann, welche Lösung für Sie am günstigsten ist.

54. Die Heizelemente, die in Größen von 0,85 × 1,10 m
bis 1,60 × 4,10 m anschlußfertig lieferbar sind, werden
nach einem vorher erstellten Verlegeplan auf dem Bo-
der ausgelegt. Zwischen den Kopfseiten des Flächen-
heizelements und der Umschließungsfläche des Rau-

Arbeitsanleitungen

50

51

52

53

54

55

56

57

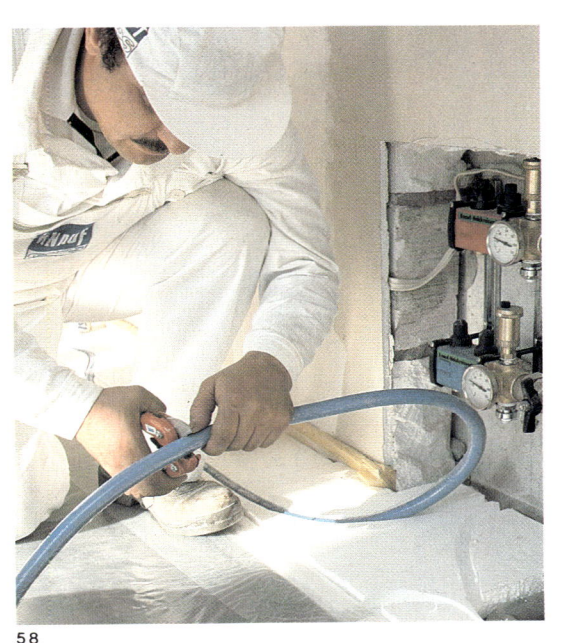

58

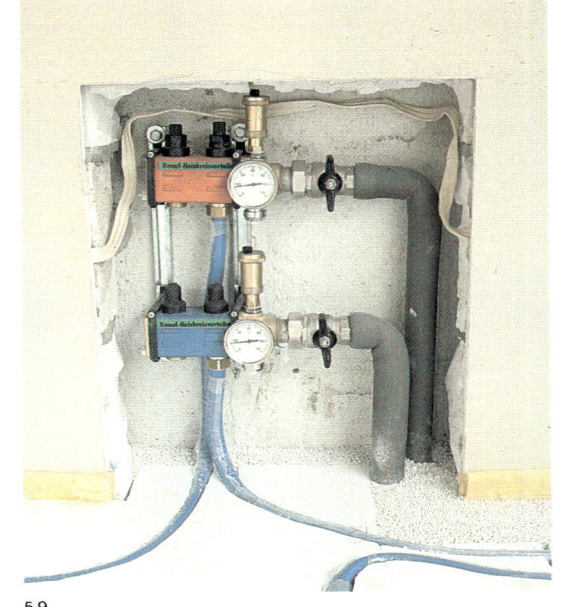

59

60

61

62

63

64

mes ist ein Mindestabstand von 15 cm einzuhalten. Die nicht mit Heizelementen versehenen Restflächen werden mit passend zugeschnittenen Hartschaumstücken in Dicke des Elements ausgelegt.

55. Eines der mit Folie ummantelten Heizelemente wird lose aufgelegt. Bevor die lastverteilende Deckschicht darüber angebracht wird, dürfen die Heizflächen keinerlei Belastung durch Begehen oder durch scharfkantige Gegenstände erfahren.

56. Die 20 × 2,5 mm starken Kunststoffrohre mit Gewebearmierung zwischen Flächenheizleiter und Heizkreisverteiler (Vor- und Rücklauf) werden in vorgefertigten Formstücken, den Rohraufnahmestücken, verlegt.

57. Übergangsbereiche mit Bögen, für die es keine vorgefertigten Rohraufnahmeteile gibt, werden zunächst mit vollflächigen Paßstücken aus Hartschaum geschlossen. Mit einem Thermoschneider können Sie aus diesen Paßstücken weitere Rohrkanäle »ausfräsen«. Damit lassen sich beliebige Übergänge zwischen den Heizelementen und zu den Anschlußleitungen herstellen.

58. Die Kunststoffleitungen sind leicht zu schneiden und ebenso einfach mit transparenten Klebemuffen an den Anschlußstellen miteinander zu verbinden. Dazu werden sie 3 bis 5 Minuten in einen mitgelieferten Diffusionskleber eingelegt und darin leicht angelöst. Nach dem Herausnehmen aus dem Kleber müssen die Muffen sofort bis zu dem eingearbeiteten Anschlag auf das Rohr geschoben und das andere Rohrteil in den noch freien Teil der Muffe eingesetzt werden. Die kalte Verschweißung erfolgt jetzt selbsttätig, und schon nach 90 Minuten ist die Verbindung voll mit 1,0 bar belastbar. Bei dieser Arbeit sind Schutzhandschuhe und anschließendes Lüften des Raumes unerläßlich.

59. Hier sind bereits die Kunststoffheizrohre am Verteiler mit Klemmringen befestigt, die nach dem ersten Aufheizen nochmals nachzuziehen sind. Zu beachten ist, daß die Rohre nicht unter Spannung stehen.

60. Auf die fertig verlegten Flächenheizelemente wird der 19 mm dicke Gipskartonunterboden aufgebracht. Das Verlegen beginnt in einer Raumecke und erfolgt stets von rechts nach links. Die Platten sollen möglichst quer zu den Heizelementen angeordnet und mit Weißleim verbunden werden. Der Fugenversatz muß mindestens 25 cm betragen.

61. Material wie Dekorkeramik mit hoher Maßgenauigkeit und geringer Materialstärke ermöglicht eine problemlose Dürnbettverlegung. Mit einer Zahnspachtel ist der Fliesenkleber im Wandbereich aufzutragen, und die erste Fliesenlage wird eingedrückt. Zu sehen sind auch die Randdämmstreifen, die nicht mit Platten belegt werden dürfen.

62. Die zweite Fliesenreihe wird angesetzt. Die Fugenbreite hat der Hersteller mit 5 bis 8 mm angegeben.

63. Mit einem Fliesenschneider gibt es aber keine Probleme bei der Vorbereitung der kleineren Endformate.

64. Fliesenfugenkreuze aus Kunststoff garantieren gleich breite Fugen, die für eine tadellose Optik von großer Bedeutung sind.

65. Obwohl die Sonnenwärme nur durch einen Teil des Daches eingelassen wird, dies aber von früh bis spät, wird unter dem Glasdach eine waagrechte Markise mit seitlichen Führungen in den Dachausschnitt eingebaut, die mit einer Kurbel zu betätigen ist. Bei starker Sonnenbestrahlung im Sommer sind beide Kippflügel darüber geöffnet, und der größte Teil der sich sammelnden Hitze wird durch Querlüftung wieder abgeführt.

66. Nur wenig Platz beansprucht der geschlossene Kasten, in dem sich die Welle mit der Markise befindet. Entsprechend der geringen Abmessungen und mit seiner zum dunklen Holz passenden Oberfläche stört er nicht.

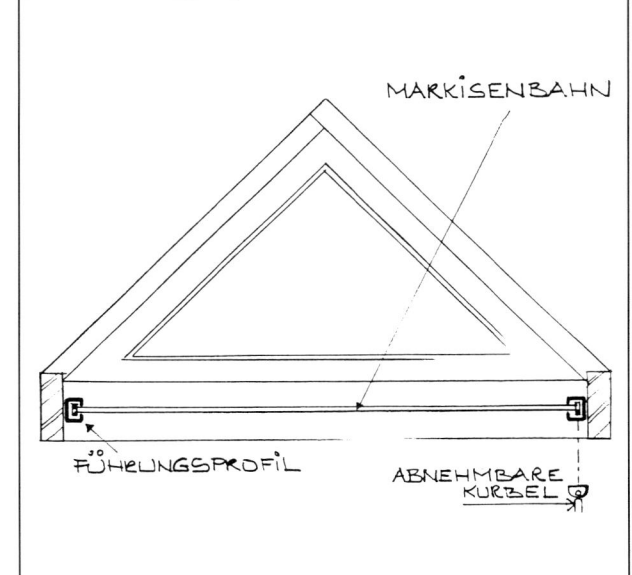

65

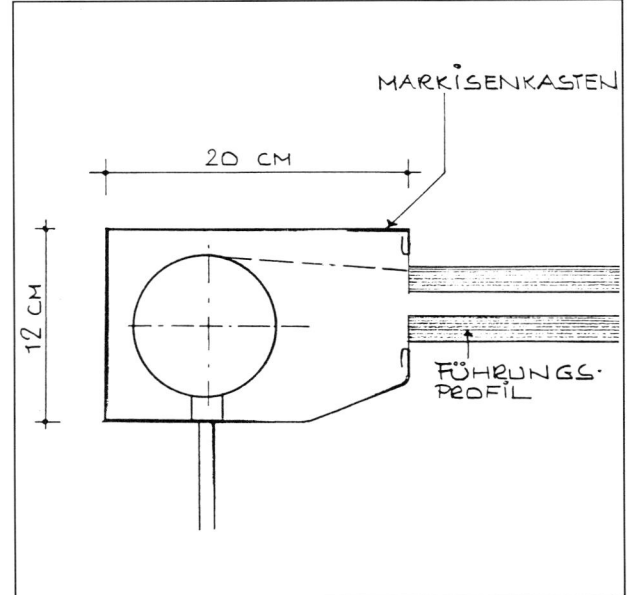

66

Arbeitsanleitungen

Mit Pflanzen wird der neue Wohnraum naturverbunden gestaltet